INTERPRETATIONSHILFE
DEUTSCH

Gotthold Ephraim Lessing

Nathan der Weise

Interpretiert von Andrea Rinnert

STARK

Bildnachweis
Umschlagbild: Marina Galic als Recha und Rudolf Wessely als Nathan in Elmar Goerdens Inszenierung von „Nathan der Weise" im Residenz Theater des Bayerischen Staatsschauspiels München (2003). Copyright: Thomas Dashuber
Seiten 12, 46, 80: Fotos: Schauspielhaus Graz, Foto Peter Manninger
Seiten 49, 61: Copyright: Thomas Dashuber
Seiten 59, 75: Fotos: Simone Manthey

ISBN: 3-89449-439-5

D-85318 Freising · Postfach 1852 · Tel. (0 81 61) 1790

Inhalt

Autorin: Dr. Andrea Rinnert

Vorwort

Liebe Schülerin, lieber Schüler,

im Deutschunterricht sind Sie mit Texten konfrontiert, die Sie in Ihrer Freizeit wahrscheinlich nicht gelesen hätten. Aber auch literarische Werke der ferneren Vergangenheit bieten Ihnen die Chance, Fragen der Gegenwart zu diskutieren – und unvermutete Lesefreuden zu entdecken. Diese Interpretationshilfe zu Gotthold Ephraim Lessings Drama *Nathan der Weise* soll Ihnen kein Patentrezept liefern, das eigenes Nachdenken überflüssig macht, sondern Ihnen den Zugang zum Stück erleichtern und Sie zu einer intensiven Auseinandersetzung mit dem Werk anregen.

Zunächst erhalten Sie Informationen zum biografischen Hintergrund sowie zur Entstehungsgeschichte des Stücks. Der darauf folgende Abschnitt „Inhaltsangabe und Handlungsverlauf“ fasst das Geschehen übersichtlich zusammen und ermöglicht Ihnen eine Auffrischung Ihrer eigenen Lektüre.

Im sich anschließenden Hauptteil werden eingehend behandelt: Aufbau und Struktur des Stücks, die Charakterisierung der Hauptfiguren, außerdem Motive und zentrale Aspekte, die Form des Dramas sowie sprachliche und erzähltechnische Besonderheiten. Die Interpretation von Schlüsselszenen veranschaulicht exemplarisch, wie Sie bei der Deutung literarischer Texte vorgehen können.

Abgeschlossen wird der Band mit einer kurzen Zusammenfassung der Rezeptions- und Wirkungsgeschichte sowie kommentierten, weiterführenden Literaturhinweisen.

Andrea Rinnert

Einführung

Das 1779 veröffentlichte Drama *Nathan der Weise* sollte nach Auffassung seines Autors **einen Streit fortführen**: „Ich muß versuchen, ob man mich auf meiner alten Kanzel, auf dem Theater wenigstens, noch ungestört will predigen lassen", schrieb Lessing 1778 in einem Brief an eine Freundin, nachdem der Herzog von Braunschweig seine religionskritischen Schriften der Zensur unterworfen hatte. Mit diesem **Publikationsverbot** reagierte die Obrigkeit darauf, dass der Schriftsteller bei seinem Streit mit dem orthodoxen Pastor Goeze öffentlich dafür eingetreten war, auch die christliche Religion beziehungsweise die Bibel einer vernunftgemäßen Kritik unterziehen zu dürfen. Das war im 18. Jahrhundert eine äußerst provokante Position – so provokant, dass sie auch einem aufgrund seines vielgestaltigen Werks berühmten Schriftsteller wie Lessing nicht zugestanden wurde, denn seine Religionskritik traf nicht nur die Kirche, sondern auch den Staat: Trotz der voranschreitenden Säkularisierung (Loslösung des Menschen aus kirchlichen Bindungen) begriffen sich die Fürsten, Herzöge und Könige in den damaligen deutschen Kleinstaaten durchaus noch als **Herrscher von Gottes Gnaden**, das heißt als letztlich von Gott legitimiert.

Mit dem Entschluss, den Schauplatz der Auseinandersetzung zu wechseln und die theologischen Fragestellungen auf die Bühne zu tragen, erwies sich Lessing abermals als einer der bedeutendsten **Vertreter der Aufklärung**, als Schlüsselfigur jener im 17. Jahrhundert einsetzenden Umwälzung des europäischen Denkens, die bestehende Autoritäten, Traditionen und Normen radikal hinterfragte und die Ständegesellschaft mit ihren angeborenen Privilegien überwand. Denn insbesondere das Drama erachteten die Schriftsteller der Aufklärung als geeignet, um **gesellschaftliche Missstände** anzuprangern. Das Theater wird zur „moralischen Anstalt“ (Friedrich Schiller), zum Ort, an dem die Bereitschaft des Publikums zu sittlichem Handeln gefördert werden soll.

Dennoch: Es wäre verfehlt, Lessings letztes Drama *Nathan der Weise* lediglich als Theater-Predigt, als Fortführung eines philosophischen Streits mit literarischen Mitteln oder als poetische Verbrämung von Religionskritik zu verstehen. Zwar übt das Drama zweifellos Kritik an einem orthodoxen Christentum und skizziert die Umrisse einer aufgeklärten Form des Glaubens an Gott. Aber damit nicht genug. Es ist, wie jeder gute literarische Text, zu **vielschichtig**, um es auf *eine* Botschaft, auf eine einzige Sinndimension zu reduzieren. Anders gesagt: *Nathan der Weise* bestätigt seine literarische Qualität dadurch, dass das Stück über die Intentionen, die sein Autor damit möglicherweise verfolgte, weit hinausweist.

Davon zeugt nicht zuletzt auch eine nach wie vor **lebendige Rezeption**, die mehr als 200 Jahre nach Entstehung des Stücks immer wieder neue Inszenierungen und Interpretationen hervorbringt. Aber worin besteht heute eigentlich die **Aktualität** des Stücks? Inwiefern ist *Nathan der Weise* zu Beginn des 21. Jahrhunderts **mehr als ein Klassiker**, der sich seinen Platz im literarischen Kanon dadurch verdient hat, dass er das aufklärerische Eintreten für **Toleranz**, für eine Haltung des Respekts gegenüber Andersgläubigen und Andersdenkenden, besonders deutlich dokumentiert? Warum lohnt es sich auch heute noch, sich mit diesem Stück intensiv zu befassen?

Auf den folgenden Seiten finden sich zahlreiche, eher indirekte Antworten auf diese Fragen. Herausgegriffen seien an dieser Stelle nur ein paar der möglichen Entgegnungen: Gewiss, *Nathan der Weise* ist auch deshalb heute noch aktuell, weil die Toleranz, für die der Text plädiert, immer noch nicht allgemein verbreitet ist. Insbesondere die jüngere deutsche Vergangenheit, der Nationalsozialismus, hat Zeugnis davon abgelegt, dass die Geschichte keinen kontinuierlichen Fortschritt, keine beständig voranschreitende Humanisierung des Menschen mit sich bringt. Angesichts von Auschwitz, vor dem Hintergrund von Ausländerfeindlichkeit, Antisemitismus, Kriegen, Völkermorden und fortdauernder weltweiter Unterdrückung mag die Idee der Toleranz, für die Nathan, die Titelfigur des Stücks, mit der berühmt gewordenen Ringparabel plädiert, auf den ersten Blick naiv und ohnmächtig wirken. Auf den zweiten Blick ist das Stück **durch diese Fakten aber nicht widerlegt**, denn letztlich entfaltet es keineswegs die Vorstellung, dass eine friedliche Koexistenz verschiedener Völker und Religionen sich gleichsam automatisch einstellt: Vielmehr wird gezeigt, dass es sich um eine nahezu unerreichbare Utopie handelt, die ein tägliches Widerstehen gegenüber verfestigten Vorurteilen voraussetzt.

Doch das Stück *Nathan der Weise* ist in der Gegenwart noch in anderer, weniger offensichtlicher Weise wichtig. Auch wenn sie nicht ausreichend umgesetzt wird und häufig ein Lippenbekenntnis bleibt – Toleranz ist für uns heute zur Norm, zu einem unhintergehbaren Teil unserer kulturellen Identität geworden. Während es zu Zeiten Lessings ungewöhnlich war, für Toleranz gegenüber Andersgläubigen einzutreten, gilt es heute als selbstverständlich, sich als tolerant und weltoffen zu begreifen.

Zum Problem wird dabei zusehends, dass auch **Ausgrenzung** mithilfe des Toleranz-Arguments vorangetrieben wird. Die pauschale Verunglimpfung des Islam, die in Folge der Terroranschläge vom 11. September 2001 eine neue Intensität erreicht hat, nimmt zu – und zwar häufig mit dem Argument, dass wir unsere tolerante westliche Kultur nur dann schützen können, wenn wir uns gegenüber jenen, die **Intoleranz** verbreiten, als wehrhaft erweisen. Es hat sich die Tendenz herauskristallisiert, den Islam mit Islamismus und diesen wiederum mit Terrorismus gleichzusetzen. Wie etwa die Diskussionen um die symbolische Bedeutung des Kopftuch-Tragens und dessen Verbot zeigen, gilt der Islam vielen Menschen in der westlichen Welt grundsätzlich als bedrohlich, frauenfeindlich und fundamentalistisch. Der **Konflikt der Weltanschauungen** wird so gedeutet, als hätte der Westen mit seinen säkularen Gesellschaften, in denen die Religion eine Privatsache wurde, eine neutrale, universal gültige Position inne.

Freilich: Es muss **Grenzen der Toleranz** geben. Aber man muss stets selbstkritisch prüfen, auf welchen Vorannahmen der eigene Wertekanon und Toleranzbegriff basieren, denn es besteht immer die Gefahr, den anderen vorschnell Intoleranz zu unterstellen und ihnen so den Anspruch auf Toleranz zu verweigern.

Eine Auseinandersetzung mit Lessings *Nathan der Weise* kann dazu beitragen, den Blick für die Funktionsweise von Ausgrenzungsmechanismen, Feindbildern und Vorurteilen zu schärfen.

Biografie und Entstehungsgeschichte

1 Biografischer Hintergrund

Gotthold Ephraim Lessing. Gemälde von Georg Oswald May, um 1767

Gotthold Ephraim Lessing wird am 22. Januar **1729** in Kamenz, einer Kleinstadt unweit von Dresden, **geboren** und wächst als ältester Sohn des Pastors Johann Gottfried Lessing und seiner Frau Justine Salome, Tochter eines Pfarrers namens Feller, auf. Nach der Lateinschule in Kamenz besucht er ab **1741** – ein Stipendium sorgt für die nötigen Mittel – die **Fürstenschule St. Afra** in Meißen, wo er bald durch Wissensdurst auffällt und erste schriftstellerische Versuche unternimmt. Wegen herausragender Leistungen kann Lessing **1746** das Internat vorzeitig verlassen; dem Wunsch seiner Eltern Folge leistend, schreibt er sich an der Universität in **Leipzig** für **Theologie** ein.

Ein Jahr später bricht er dieses Studium ab, denn im Mittelpunkt seines Lebens stehen schon zu dieser Zeit das **Theater und die Literatur**. Er hat intensiven Kontakt zu Schauspielern, einer damals sozial geächteten Berufsgruppe; er veröffentlicht Gedichte sowie Erzählungen und sein erstes Stück wird aufgeführt: das Lustspiel *Der junge Gelehrte*, das über eine Bildung spottet, die sich ausschließlich auf Bücherwissen erstreckt. Da eine Bürgschaft ihn in Schulden gestürzt hat, verlässt er im Sommer **1748** auf der Flucht vor seinen Gläubigern Leipzig. Station macht Lessing in **Wittenberg**, wo er sich für **Medizin** immatrikuliert.

Aber noch im selben Jahr beschließt er, in **Berlin** als freier Schriftsteller zu leben – eine Abkehr von einer akademischen Karriere, die er **1749** in einem Brief an seine Mutter mit einem ganzheitlichen Bildungsanspruch begründet: „Ich lernte einsehen, die Bücher würden mich wohl gelehrt, aber nimmermehr zu einem Menschen machen." In der weltoffenen Residenzstadt bleibt er **bis 1755** – abgesehen von einem weiteren Aufenthalt **1752** in **Wittenberg**, wo er das **Magisterexamen in Medizin** ablegt, auf das er nebenbei hingearbeitet hat.

Dieser wohl auf Druck seiner Eltern erfolgte Abschluss wird auf seinen weiteren beruflichen Werdegang keinen Einfluss nehmen, denn in Berlin erlangt Lessing aufgrund seiner vielfältigen Publikationen **großes Renommee**: Auf literarischem Gebiet zeugen Fabeln, Erzählungen und Dramen *(Die Juden*, *Der Freigeist* und *Samuel Henzi)* von seiner Produktivität; zugleich beeindruckt er seine Zeitgenossen als Rezensent und Übersetzer; 1755 entsteht in **Potsdam** sein erstes bedeutendes Drama *Miß Sara Sampson,* das die Gattung des bürgerlichen Trauerspiels begründet. Als anerkannter Autor knüpft er **Freundschaften** mit anderen Protagonisten der Aufklärungsepoche wie Moses Mendelssohn und Friedrich Nicolai.

Lessings **finanzielle Situation** indes ist weiterhin unsicher, da ein Buchmarkt im heutigen Sinn, der ein breites Lesepublikum voraussetzt, erst allmählich entsteht. Um seine ökonomische Lage zu verbessern, lässt sich Lessing in **Leipzig** von dem jungen, wohlhabenden Kaufmann Johann Gottfried Winkler als Begleiter für eine dreijährige **Bildungsreise** engagieren. Doch der Ausbruch des Siebenjährigen Krieges beendet die Reise bereits kurz nach ihrem Antritt **1756** in Amsterdam. Lessing prozessiert gegen Winkler um die vereinbarte Entschädigung, die er 1764 zugesprochen erhält.

1758 kehrt Lessing **von Leipzig nach Berlin** zurück: Bemühungen seiner Freunde, ihm eine feste Anstellung zu verschaffen, scheitern; Lessing verfasst das Drama *Philotas* sowie *Briefe, die neueste Literatur betreffend,* in denen er sich vehement gegen die Theaterreform des Leipziger Professors Gottsched wendet und sowohl dessen Indienstnahme der Dichtung für die Belehrung des Publikums als auch die starre Regelhaftigkeit seiner Poetik verwirft, die dem Künstler kaum Gestaltungsfreiraum lässt.

Aus Geldnot wird Lessing **1760 Sekretär** des Generals von Tauentzien **in Breslau**. In den fünf Jahren, in denen er dieses Amt bekleidet, bildet er eine wahre Büchersammelleidenschaft aus – erstmals kann er sich eine eigene Bibliothek leisten. In seiner Freizeit widmet sich Lessing vor allem seiner altertumskundlichen Schrift *Laokoon oder Über die Grenzen der Malerei und Poesie* (1766 publiziert), in der er den spezifischen Ausdrucksmöglichkeiten von Dichtung und bildender Kunst nachgeht. **1765** kehrt er abermals nach **Berlin** zurück. Seine Bewerbung um die Leitung der Königlichen Bibliothek wird von Friedrich II. abgewiesen, der sich zwar als aufgeklärter Herrscher versteht, dem aber anscheinend Lessings Ruf als kompromissloser Kritiker missfällt.

1767 bietet sich Lessing die Chance, Beruf und Neigung miteinander zu vereinbaren: Aus **Hamburg** erhält er das Angebot, am neu gegründeten Nationaltheater die Stelle eines Dramaturgen zu übernehmen. Es ist das erste eigenständige, fest eingerichtete Theater in Deutschland: Zuvor gab es neben den Hoftheatern nur Wanderbühnen, die zur Volksbelustigung Stegreifszenen spielten. Lessing begleitet das Bühnengeschehen der Hansestadt mit seiner *Hamburgischen Dramaturgie* (1767–1769) – einer Sammlung von Theaterkritiken, in denen der Autor zugleich Ansätze zu einer programmatischen **Dramentheorie** entwickelt. Gleichzeitig ist er schriftstellerisch tätig: 1767 wird sein Lustspiel *Minna von Barnhelm* uraufgeführt, das sich mit dem Siebenjährigen Krieg auseinander setzt. Als das Hamburger Nationaltheater bereits **1768** wegen unzureichenden Interesses des Publikums schließen muss, befindet sich Lessing **erneut in finanziellen Schwierigkeiten** – zumal er bei einem fehlgeschlagenen Verlagsunternehmen sein ganzes restliches Kapital eingebüßt hat.

Zur letzten Station auf Lessings Lebensweg wird **Wolfenbüttel**, wo er **1770** als **Hofbibliothekar** die Leitung der Herzoglichen Bibliothek übernimmt – eine organisatorische Aufgabe, die seine materiellen Verhältnisse auf bescheidenem Niveau absichert und ihm Zeit für eigene Studien lässt. Zwar hat er Zugang zu einem vorzüglichen Buchbestand, gleichwohl mangelt es ihm im Rahmen seines provinziellen Beamtendaseins an intellektuellen Anreizen. Seine **Kritik am höfischen Absolutismus**, in dessen Sphäre er sich nun als Abhängiger bewegt, findet Eingang in das berühmte Trauerspiel *Emilia Galotti* (1772).

Wegen seiner **Verlobung mit Eva König** im Jahr **1771** harrt Lessing **bis 1781** in Wolfenbüttel aus. Zu einer **Heirat** mit der Hamburger Kaufmannstochter, die Witwe und Mutter von vier Kindern ist, kommt es erst **1776**, da dem Paar zur Gründung einer Familie zunächst die Mittel fehlen. Die Ehe dauert nur ein Jahr: Im Januar **1778 stirbt Lessings Frau** an den Folgen der Geburt des gemeinsamen Sohns, der nur einen Tag am Leben bleibt. Lessing sieht seine Hoffnungen auf Glück endgültig zerschlagen: „Ich wollte es auch einmal so gut haben, wie andere Menschen. Aber es ist mir schlecht bekommen“, schreibt er in einem Brief an seinen Freund Theodor Eschenburg.

Im selben Jahr stürzt sich Lessing in einen aufsehenerregenden **Religionsstreit mit dem orthodoxen Pastor Goeze** (vgl. *Interpretationshilfe* S. 10 f.) und verfasst, als ihn ein Publikationsverbot an der Fortführung des Disputs hindert, bis **1779** sein Drama *Nathan der Weise.* Als **Plädoyer für Toleranz** nimmt es in der Literaturgeschichte seitdem einen festen Platz ein. Utopischen Vorstellungen widmet sich auch die geschichtsphilosophische Schrift *Die Erziehung des Menschengeschlechts,* die **1780** als letztes Werk erscheint. Zu dieser Zeit ist der Autor bereits schwermütig, vereinsamt und fast blind. Am 15. Februar **1781 stirbt Lessing in Braunschweig** an einem Schlaganfall.

Insgesamt betrachtet fällt an Lessings Biografie ein **Missverhältnis zwischen Renommee und finanziellem Erfolg** auf: Einerseits galt Lessing schon zu Lebzeiten als einer der hellsten Köpfe seines Zeitalters, der ein bemerkenswert vielgestaltiges und einflussreiches Œuvre hervorbrachte; andererseits gelang es ihm nicht, diese Wertschätzung in eine angemessene Stellung umzuwandeln – Geldsorgen quälten ihn dauerhaft. Hat er potenzielle Förderer und Arbeitgeber durch sein unduldsames Streben nach Wahrheit verprellt? War er zu wenig kompromissbereit in seinen Ansprüchen an eine auskömmliche Berufstätigkeit? Oder hinderte ihn seine Genussfreudigkeit an einer beständigeren Lebensweise, einem konsequenteren Vorantreiben seiner Unternehmungen?

Fest steht, dass Lessing den **Prototyp des aufklärerischen Literaten** verkörpert. Zum einen glaubt er an den **Fortschritt der Menschheit durch Vernunft** – eine Vernunft, die eine grundsätzliche Infragestellung von Normen, Konventionen und Traditionen erlaubt, seien es weltliche oder religiöse. Lessings Zweifel am Status quo, seine Suche nach wahrhaftiger Erkenntnis, zeugt von dieser Skepsis. Zum anderen begreift Lessing die **Literatur** – und insbesondere die Gattung des Dramas – als den wichtigsten Motor gesellschaftlicher Entwicklung: In der Epoche der Aufklärung wird das Bürgertum zum sozialen Träger eines Menschenbilds, das auf Mündigkeit und Selbstständigkeit abzielt, und die Literatur vollzieht einen **Funktionswandel**, indem sie nicht mehr dem Lob eines adeligen Fürsten dient, sondern die öffentliche Diskussion befruchtet. Mit anderen Worten: Die Literatur wird zum zentralen **Medium bürgerlicher Selbstverständigung**.

2 Entstehungsgeschichte

Den **Anstoß zum Stück** gab die erwähnte Auseinandersetzung Lessings mit dem Pastor Johann Melchior Goeze (1717–1786). Anlass für den so genannten **Fragmenten-Streit**, der 1777 beginnt und 1778 endet, sind Textauszüge aus dem Nachlass des Professors Hermann Samuel Reimarus, die Lessing ab 1774 veröffentlicht – in der Absicht, eine öffentliche Diskussion über theologische Fragen zu entfachen.

Aus Rücksicht auf die Familie des verstorbenen Autors verschweigt Lessing dessen Namen und täuscht vor, er habe das Manuskript in den Beständen der ihm unterstellten Wolfenbütteler Hofbibliothek entdeckt; er gibt ihm den Titel *Fragmente eines Ungenannten* und ergänzt es um Kommentarteile, in denen er **für einen aufgeklärten Glauben** eintritt. Herausfordernd wirken die *Fragmente*, weil sie die Bibel nicht als wörtlich zu nehmende **Offenbarung Gottes**, sondern als von Menschen verfassten und daher bezweifelbaren Text begreifen – eine Auffassung, die in krassem Widerspruch zur orthodoxen protestantischen Lehre stand. In die Debatte mischt sich 1777 **Goeze als streitbarster Gegner Lessings** ein. Dieser verteidigt sich mit dem *Anti-Goeze*, einer polemischen elfteiligen Briefserie, die eine rhetorische Meisterleistung darstellt.

Als es Lessing **1778** durch einen **Zensurerlass** schließlich verboten wird, sich weiterhin schriftlich zur Thematik der *Fragmente* zu äußern, reagiert er mit dem Entschluss, den **Schauplatz der Auseinandersetzung zu wechseln**: „Ich muß versuchen, ob man mich auf meiner alten Kanzel, auf dem Theater wenigstens, noch ungestört will predigen lassen“, schreibt er im September 1778 an Elise Reimarus. Kurz zuvor hat er gegenüber seinem Bruder Karl den Willen zum Ausdruck gebracht, mit seinem Stück „gewiß den Theologen einen ärgeren Possen“ zu spielen „als noch mit zehn Fragmenten“. Vor diesem Hintergrund ist es stimmig, dass Lessing die negativste Figur im *Nathan,* den Patriarchen von Jerusalem, als Vertreter des christlichen Glaubens gestaltet hat.

Diese Quellen belegen, welche Absicht Lessing vordergründig mit seinem Stück verfolgte. Da ein literarischer Text jedoch nie deckungsgleich mit der ihm zugrunde liegenden **Autorintention** ist, weist das fertige Drama einen weitaus vielschichtigeren Gehalt auf, als es sein Entstehungskontext nahe legt.

Für die Fertigstellung des *Nathan* benötigt Lessing nur ein halbes Jahr, denn er hat bereits im Frühjahr **1776 erste Skizzen** angefertigt. Seinem Bruder Karl berichtet er 1778, er habe „vor vielen Jahren einmal ein Schauspiel entworfen, dessen Inhalt eine Art von Analogie mit meinen gegenwärtigen Streitigkeiten hat, die ich mir damals wohl nicht träumen ließ“. Im **Mai 1779** geht sein dramatisches Gedicht bereits in **Druck**; eine ursprünglich geplante Vorrede entfällt in der Schlussfassung ebenso wie das Nachspiel „Der Derwisch“. Die **Uraufführung** findet erst nach Lessings Tod, am 14. April **1783 in Berlin**, statt.

Für die **Stoffgeschichte** des *Nathan* ist besonders die Novellensammlung *Decamerone* (1470) des italienischen Dichters Giovanni **Boccaccio** bedeutsam. Lessing hat sich zu seiner **Ringparabel** von der dritten Novelle des ersten Buchs inspirieren lassen, in welcher der Sultan Saladin einem reichen Juden namens Melchisedech ebenjene Fangfrage nach der wahren Religion stellt. Lessing übernimmt den orientalischen Schauplatz und die positive Darstellung Saladins, aber sein Nathan argumentiert scharfsinniger, spinnt er doch im Unterschied zu Melchisedech die Ringparabel über den ersten Vergleich zwischen Ring und Religion hinaus weiter, wobei die magische Wirkung des Rings im Unterschied zu Boccaccio abhängig von der Haltung des Ringbesitzers ist. Außerdem weicht Lessing insofern von Boccaccios Novelle ab, als er seinen eigenen jüdischen Protagonisten nicht als geizig wie Melchisedech, sondern als freigebig zeichnet. In diesen inhaltlichen Verschiebungen spiegelt sich Lessings Entschlossenheit wider, dem zeitgenössischen Antisemitismus mit Nathan einen durchweg positiven Vertreter des Judentums entgegenzusetzen.

Sultan Saladin (Ernst Prassel) und Nathan (Otto David). Inszenierung von Thomas Reichert im Schauspielhaus Graz (2002). Foto: Peter Manninger

Auch Boccaccio ist nicht der Urheber des Ringgleichnisses: Es geht zurück auf ein Motiv, das bereits in Überlieferungen aus dem 13. Jahrhundert auftaucht.

Inhaltsangabe und Handlungsverlauf

Schauplatz des Stücks ist Jerusalem, jene Stadt, die für die drei Weltreligionen Judentum, Christentum und Islam von großer Bedeutung ist; die Handlung spielt im Jahr 1192, während eines Waffenstillstands zur Zeit der Kreuzzüge. Diese von der christlichen Kirche initiierten Kriege, die zwischen dem 11. und dem 13. Jahrhundert stattfanden, zielten darauf ab, die heiligen Stätten der Christen dem islamischen Herrschaftsbereich zu entziehen und den christlichen Glauben zu verbreiten.

I. Aufzug: Nathan als einfühlsamer Erzieher

I, 1: Nathan erfährt von Rechas knapper Rettung.

Der reiche jüdische Kaufmann Nathan kehrt von einer einträglichen Geschäftsreise zurück nach Jerusalem und wird zu Hause von Daja, der christlichen Gesellschafterin seiner Pflegetochter Recha, willkommen geheißen. Daja teilt Nathan mit, dass Recha nur knapp den Brand seines Hauses überlebte und ihre Rettung das Verdienst eines jungen Tempelherrn ist, der vom Sultan begnadigt wurde. Hierbei klingt an, dass Nathan nicht Rechas leiblicher Vater ist und dieses Geheimnis Dajas Gewissen belastet – durch Nathans kostbare Geschenke lässt sie sich beschwichtigen.

I, 2: Nathan kritisiert den schwärmerischen Wunderglauben.

Recha schildert Nathan das Ereignis ihrer Rettung, das sie in einen Zustand der Aufgewühltheit gestürzt und zu der Überzeugung geführt hat, von einem Engel gerettet worden zu sein.

Während Daja diese Einschätzung nachsichtig billigt, verurteilt Nathan sie vehement: Er führt den beiden Frauen vor Augen, dass ihr Wunderglaube von Eitelkeit und Bequemlichkeit zeugt. Es stellt sich heraus, dass der Tempelherr wegen seiner Ähnlichkeit mit dem verschollenen Bruder des Sultans begnadigt wurde.

I, 3: Der Derwisch Al-Hafi schildert die Finanznot Saladins.

Der Derwisch Al-Hafi, Freund und Schachpartner Nathans, eröffnet diesem, dass Saladin ihn zum Schatzmeister ernannt hat – in dem Glauben, ein Bettelmönch könne am besten Bettler beschenken. Al-Hafi hadert mit seiner neuen Rolle, weil er um deren Alibicharakter weiß: Faktisch vermag er gegen die Armut wenig auszurichten; die Almosen des Sultans können dessen Misswirtschaft nicht ausgleichen. Nathan lehnt Al-Hafis Angebot ab, aus der Situation Kapital zu schlagen und dem Sultan zu hohen Zinsen Geld zu leihen.

I, 4: Daja will Nathan zum Tempelherrn schicken.

Daja hat den Tempelherrn, der für einige Tage verschwunden war, wieder ausfindig gemacht. Sie bittet Nathan eindringlich, um Rechas willen den Tempelherrn unverzüglich draußen aufzusuchen, da dieser nicht bereit sei, in das Haus eines Juden zu kommen. Nathan schickt Daja zum Tempelherrn, damit sie ihn aufhält.

I, 5: Der Tempelherr weigert sich, Saladin zu schaden.

Auf einem Platz unter Palmen spricht der Klosterbruder Bonafides den Tempelherrn an: Mit betonter Einfältigkeit gibt er preis, dass er im Auftrag des Patriarchen auskundschaften soll, ob der Tempelherr bereit wäre, die militärische Strategie Saladins auszuspionieren und auf den Sultan einen Anschlag zu verüben. Der Tempelherr weist das Ansinnen empört zurück. Der Klosterbruder begrüßt die Entscheidung des Tempelherrn und gibt zu, dass er dem Patriarchen nur widerwillig gehorcht.

I, 6: Der Tempelherr weigert sich erneut, Recha zu besuchen.

Daja fleht den Tempelherrn an, nun, da Nathan zurückgekehrt sei, Recha endlich zu besuchen, bringt jenen aber durch ihre Geschwätzigkeit gegen sich auf. Auch durch die reiche Belohnung, die Daja ihm indirekt in Aussicht stellt, indem sie Nathans Schätze erwähnt, lässt sich der Tempelherr nicht besänftigen oder umstimmen: Er will nicht an eine Tat erinnert werden, die eine Verbindung zu einer Jüdin herstellte – und damit zu einem Volk, das er verachtet. Trotzig bekennt sich der Tempelherr zu seinen judenfeindlichen Regungen und verlangt von Daja, ihn künftig nicht mehr zu behelligen.

II. Aufzug: Nathan beeindruckt den Tempelherrn.

II, 1: Saladin verliert wegen seiner Geldsorgen beim Schach.

Der Sultan Saladin spielt mit seiner Schwester Sittah Schach und verliert, weil er zerstreut ist. Sittah vermutet, dass er sich wegen des drohenden Endes des Waffenstillstands Sorgen macht: Saladins Plan, als friedenssichernde Maßnahme eine Doppelhochzeit zwischen seinen Geschwistern und denen von Richard Löwenherz in die Wege zu leiten, ist gescheitert. Während Sittah sich dadurch in ihren Vorurteilen bestätigt sieht, verteidigt Saladin die Christen und erachtet nur die Tempelherren als Kriegstreiber. Er vertraut Sittah an, dass ihn vor allem seine finanzielle Situation beunruhigt: Saladins Vater, der sich im Libanon aufhält, kann die dringend benötigten Gelder gegenwärtig nicht schicken.

II, 2: Sittah bringt Nathan als Kreditgeber ins Gespräch.

Al-Hafi verrät dem Sultan, dass Sittah, um die Staatskasse zu schonen, sich ihre Spielgewinne nie auszahlen ließ und sogar aus ihrem Vermögen noch Zuschüsse beisteuerte. Saladin ist entzückt von der Großzügigkeit seiner Schwester und bemängelt, dass Al-Hafi keinen Überschuss zu vermelden hat – nicht weil er die Mittel für sich persönlich benötigt, sondern weil der Staat bankrott ist. Darüber sinnierend, bei wem man borgen könnte, bis die Einkünfte aus Ägypten eintreffen, erinnert sich Sittah, dass Al-Hafi ihr von einem Juden namens Nathan erzählte. Al-Hafi will von Nathan ablenken, indem er ihn schlecht macht.

II, 3: Sittah kommt auf die Idee, Nathan eine Falle zu stellen.
Saladin, der zuvor noch nie von Nathan gehört hat, wird von Sittah über dessen Weisheit und Reichtum unterrichtet. In Sittah reift der Plan, Nathan hereinzulegen.

II, 4: Recha sehnt den Tempelherrn herbei.
Recha befürchtet, dass Nathan den Tempelherrn verpasst hat. Nathan beruhigt sie und unterstellt, sie sei in den Tempelherrn verliebt. Recha versteht seine Anspielung nicht, beteuert aber, ihm niemals etwas zu verheimlichen. Daja teilt den beiden mit, dass der Tempelherr bald Nathans Haus passieren wird. Daja und Recha treten ab.

II, 5: Nathan verbrüdert sich mit dem Tempelherrn.
Nathan gelingt es, den Tempelherrn, für den er spontan Sympathie empfindet, trotz dessen abweisendem Gebaren in ein Gespräch zu ziehen. Er gibt sich als Rechas Vater zu erkennen und bringt den Retter seiner Tochter – der behauptet, allein Pflichtgefühl und Lebensüberdruss hätten seine Tat veranlasst – in Verlegenheit, als er gerührt eine Träne auf dessen vom Feuer beschädigten Mantel vergießt. Nathan verwirrt den Tempelherrn vollends, indem er ihm edle Motive wie Bescheidenheit unterstellt. Die Szene mündet in eine Verbrüderung, denn der Tempelherr bekennt sich überraschend zu einem Menschenbild,

dem auch Nathan anhängt und das die jeweilige Religion eines Menschen als zweitrangig erachtet. Peinlich berührt ob seines barschen, von Vorurteilen zeugenden Verhaltens, willigt der Tempelherr schließlich ein, die Tochter seines neuen Freundes zu besuchen.

II, 6: Nathan wird zum Sultan bestellt.
Daja unterbricht den Tempelherrn und Nathan, indem sie Nathan besorgt mitteilt, dass Saladin ihn zu sprechen wünscht.

II, 7: Nathan und der Tempelherr loben Saladin.
Nathan ist erpicht darauf, den Sultan kennen zu lernen – nun, da er weiß, dass er ihm indirekt das Leben Rechas verdankt. Als der Tempelherr bedauert, von Saladin offenbar vergessen worden zu sein, erklärt Nathan sich bereit, bei einer günstigen Gelegenheit dem Sultan die Begnadigung ins Gedächtnis zu rufen. Beim Abschied gibt der Tempelherr merkwürdig zögerlich an, Curd von Stauffen zu heißen, und entzieht sich durch seinen Aufbruch einer genaueren Erkundigung nach seiner Identität. Nathan fasst aufgrund der frappierenden Ähnlichkeit zwischen dem Tempelherrn und einem gewissen Wolf von Filnek, den er persönlich kannte, den Entschluss, der Sache auf den Grund zu gehen.

II, 8: Nathan kündigt den Besuch des Tempelherrn an.
Neugierig fängt Daja Nathan ab, um zu ermitteln, ob seine Unterhaltung mit dem Tempelherrn erfolgreich war. Sie erfährt, dass dessen Besuch noch für denselben Tag zu erwarten ist.

II, 9: Al-Hafi entscheidet sich für ein Leben in Armut.
Al-Hafi berichtet Nathan, dass er Saladin vergeblich davon abzubringen versucht habe, Nathan um Geld anzugehen. Voll Schuldgefühl darüber, Nathan gleichsam in den Ruin gestürzt zu haben, und voller Empörung über die Leichtfertigkeit Saladins, will

Al-Hafi sein Schatzmeisteramt unverzüglich niederlegen – um als armer, aber freier Derwisch nach Indien zurückzukehren und damit zu zeigen, dass er nicht korrumpierbar ist. Nathan bewundert ihn zwar für diesen konsequenten Schritt, folgt aber der Aufforderung seines Freundes, mit ihm fortzugehen, nicht.

III. Aufzug: Nathan beschämt den Sultan.

III, 1: Recha und Daja erwarten gespannt den Tempelherrn.

In Nathans Haus sehnt Recha den Tempelherrn herbei, weil sie ihm endlich persönlich für ihre Rettung danken will, während Daja die Hoffnung hegt, dass der Tempelherr sie und Recha schließlich nach Europa, in ihre Heimat, bringen wird. Recha wendet sich gegen Dajas Rechtfertigung der Kreuzzüge und weist ihre Gesellschafterin zurecht, als diese sich in Andeutungen über Rechas Herkunft und angeblich gottgewolltes Schicksal ergeht. Sie entlarvt Dajas Einflüsterungen als Versuch, Nathans vernunftorientierte Erziehung zu untergraben. Es zeigt sich, dass Daja Recha auf die Idee gebracht hat, von einem Engel aus dem Feuer gerettet worden zu sein.

III, 2: Der Tempelherr verliebt sich in Recha.

Der Tempelherr tritt ein und Recha will ihm zu Füßen fallen. Als sie sein Unbehagen darüber bemerkt, hebt sie zu einer ironischen Dankesrede an. Sie spielt seine heldenhafte Tat herunter, indem sie nicht ihm, sondern lediglich Gott dankt: dafür, dass er im Tempelherrn ein so willfähriges Werkzeug fand. Der Tempelherr schämt sich daraufhin seiner Überheblichkeit. Auf Rechas fortgesetzte Versuche, mit freundlich-spöttischen Fragen eine Konversation in Gang zu bringen, reagiert der Tempelherr unbeholfen, da ihre Gegenwart eine starke Faszination auf ihn ausübt: Überstürzt verabschiedet er sich unter einem Vorwand.

III, 3: Daja versucht, Recha Leidenschaft einzureden.

Recha ahnt nicht, was den Tempelherrn zu seinem plötzlichen Aufbruch veranlasst haben könnte. Wie sie Daja gegenüber bekundet, hat die Begegnung ihr Ruhe und Zufriedenheit eingeflößt, da ihr größter Wunsch – ihrem Retter von Angesicht zu Angesicht gegenüberzustehen – in Erfüllung gegangen ist. Zugleich hat sie zum Tempelherrn eine innige Zuneigung gefasst, die allerdings jeglicher Leidenschaft entbehrt. Da Daja im Verhalten des Tempelherrn Anzeichen von Verliebtheit entdeckt hat, will sie sich nicht damit abfinden, dass Recha diese Gefühle nicht erwidert.

III, 4: Sittah zerstreut Saladins Bedenken.

Saladin eröffnet Sittah, dass ihm wegen der bevorstehenden Ankunft Nathans, dem er durch eine List einen Kredit abpressen soll, unbehaglich zumute ist: Zum einen hat er Skrupel, einen ahnungslosen und eventuell unbescholtenen Mann zu hintergehen; zum anderen hält er die Intrige für eine Maßnahme, die seinem Stand nicht angemessen ist. Am meisten fürchtet er jedoch, sich vor Sittah durch eine ungeschickte Ausführung ihres Plans zu blamieren. Sittah zerstreut seine Bedenken und wird von ihrem Bruder mit der Aufforderung weggeschickt, nicht zu lauschen.

III, 5: Saladin fragt Nathan nach der richtigen Religion.

Saladin begrüßt Nathan herablassend und fühlt sich provoziert durch das rhetorische Geschick, mit dem Nathan seine Weisheit gleichzeitig abstreitet und bestätigt. Von sich aus bringt Nathan, der ja durch Al-Hafi bereits davon Kenntnis hat, dass Saladin Geld von ihm leihen will, das Gespräch auf seine Waren. Aber Saladin lehnt ein Geschäft brüsk ab und überrascht Nathan mit der Bitte, ihm stattdessen mitzuteilen, welche Religion – Christentum, Judentum oder Islam – die einzig wahre sei. Der Sultan bekundet die Absicht, Nathans Standpunkt vorbehaltlos zu übernehmen, weil ihm selbst für solche weit reichenden Überlegungen die Zeit fehle. Als Saladin bemerkt, dass sein Verhalten Nathans Misstrauen geweckt hat, gewährt er ihm eine kurze Bedenkzeit und lässt ihn allein.

III, 6: Nathan beschließt, als Ausweg ein Märchen zu erzählen.
Beunruhigt grübelt Nathan, warum Saladin kein Geld von ihm will, sondern stattdessen die Wahrheit in einer Art und Weise einfordert, als wolle er eine Zahlung einstreichen. Nathan ahnt, dass er mit der Frage nach der wahren Religion gezwungen werden soll, den Sultan durch seine Wahl entweder zu beleidigen oder selbst als inkonsequent dazustehen. Er beschließt, sich durch ein Märchen aus der Affäre zu ziehen.

III, 7: Nathan erteilt dem Sultan eine Lektion.
Nathan erzählt Saladin eine Parabel, die von einem wertvollen Ring handelt, der seinen Träger – vorausgesetzt, er glaubt daran – vor Gott und den Menschen angenehm macht: Seit Generationen wird der Ring weitergegeben, indem ihn der Vater jenem Sohn vererbt, den er am meisten liebt. Schließlich gehört das Schmuckstück einem Fürsten, der seine drei Söhne gleichermaßen liebt und keinen von ihnen als zukünftigen Herrn des Hauses auszeichnen will. Er lässt heimlich zwei perfekte Kopien anfertigen, um jedem einen Ring geben zu können. Überraschend zieht Nathan eine Parallele zur Religion: Ebenso wenig, wie sich nach dem Tod des Fürsten klären ließ, welcher Ring der richtige war, lässt sich der rechte Glaube bestimmen.

Dem Gegenargument Saladins, dass die drei Religionen Judentum, Christentum und Islam sich sehr wohl unterscheiden – nämlich im Hinblick auf ihre Sitten und Gebräuche –, begegnet Nathan durch einen Hinweis auf ihre Historizität: Alle Religionen sind gleichermaßen in der Geschichte verankert. Jeder

Mensch wird von seinen Eltern in eine bestimmte Religion eingeführt, die er vertrauensvoll als die einzig wahre annimmt. Deshalb kann man von niemandem verlangen, die eigene Religion zugunsten einer anderen zu verwerfen.

Obwohl Saladin bereits eingesehen hat, dass die Frage nach der wahren Religion nicht allgemein gültig zu beantworten ist, greift Nathan seine Ringparabel wieder auf: Er schildert, wie die drei streitenden Söhne einen Richter aufsuchen, der ihnen rät, dass jeder von ihnen seinen Ring für den richtigen halten und versuchen sollte, dessen Kraft zur Geltung zu bringen – damit sich eines Tages klären lässt, wer von ihnen am gottgefälligsten, das heißt am vorbildlichsten im Geist der Nächstenliebe, gelebt und gehandelt hat.

Ob dieser Fortsetzung zeigt sich der Sultan äußerst beschämt, wird ihm doch bewusst, dass es dem Menschen nicht zusteht, über die Religionen zu urteilen. Er bittet Nathan um dessen Freundschaft. Nathan bringt seine Bereitschaft dazu indirekt zum Ausdruck: Er behauptet, momentan über zu viel Bargeld zu verfügen und einen Schuldner zu suchen. Saladin gesteht Nathan daraufhin, dass er ihn um einen Kredit angehen wollte. Bevor die beiden in bestem Einvernehmen voneinander scheiden, gelingt es Nathan noch, den Sultan an den Tempelherrn zu erinnern.

III, 8: Der Tempelherr entscheidet sich für ein neues Ich.

Der Tempelherr ficht einen inneren Kampf aus, der durch seine Begegnung mit Recha, zu der er sich eigentümlich stark hingezogen fühlt, hervorgerufen wurde. Schließlich gesteht er sich ein, als Christ die Tochter eines Juden zu lieben, und beschließt, seine Judenfeindlichkeit zu überwinden. Die Begnadigung durch den Sultan deutet er als eine Art zweite Geburt, die ihn von seinem militanten Christsein befreit und ihn seinem Vater näher bringt.

III, 9: Der Tempelherr fühlt sich zurückgewiesen.
Nathan überbringt dem Tempelherrn die gute Nachricht, dass der Sultan ihn nun sehen will, aber dieser ist völlig von seinen Gefühlen für Recha gefangen genommen: Ungestüm hält er um ihre Hand an, indem er Nathan um den Hals fällt und ihn wiederholt Vater nennt. Nathan reagiert zurückhaltend, weil er zuerst klären möchte, wie der Tempelherr, der sich ja Curd von Stauffen nennt, mit einem Mann namens Conrad von Stauffen verwandt ist, den Nathan einst kannte. Der Tempelherr, der dieses Ansinnen als kleinlich und verletzend empfindet, behauptet, Conrad sei sein Vater gewesen, obwohl dieser ebenfalls ein Angehöriger des Ordens der Tempelherren und daher nie verheiratet war. Nathan zweifelt an dieser Abstammung und hält den Tempelherrn hin.

III, 10: Daja plaudert das Geheimnis um Rechas Herkunft aus.
Daja horcht den Tempelherrn aus und bringt in Erfahrung, dass er Recha trotz deren Zugehörigkeit zum Judentum leidenschaftlich liebt. Als er Daja außerdem offenbart, dass Nathan sich einer Verbindung widersetzt, weicht ihre Loyalität gegenüber Nathan der gegenüber ihrer Religion: Sie verrät dem Tempelherrn, dass Recha eine getaufte Christin und Nathan nicht ihr leiblicher Vater ist. Der Tempelherr ist erschüttert, weil er Nathans Güte für vorgetäuscht hält. Daja nimmt ihm das Versprechen ab, sie im Fall einer Heirat mit nach Europa zu nehmen.

IV. Aufzug: Der Tempelherr bringt Nathan in Gefahr.

IV, 1: Der Klosterbruder scheut die Rolle des Ratgebers.
Der Tempelherr sucht den Klosterbruder Bonafides auf, um eine Audienz beim Patriarchen zu erhalten; er verspricht sich davon einen offiziellen Rat in einer religiösen Angelegenheit. Bona-

fides deutet das Anliegen des Tempelherrn jedoch zunächst falsch: Er befürchtet, dieser wolle sich nun doch als Spion und Attentäter verdingen. Nachdem das Missverständnis aufgeklärt ist, hat der Tempelherr von der Aufrichtigkeit und Frommheit des Klosterbruders einen so positiven Eindruck gewonnen, dass er lieber ihn anstelle des Patriarchen konsultieren will. Bonafides jedoch will sein Gewissen nicht zusätzlich belasten und ist erleichtert, als der Patriarch naht.

IV, 2: Der Patriarch erweist sich als Dogmatiker.

Bonafides zieht sich zurück und der Tempelherr schildert dem Patriarchen, ohne Namen zu nennen, Nathans Verhalten; allerdings verrät er, dass seine Frage sich nicht auf ein hypothetisches, sondern auf ein reales Problem bezieht. Der Tempelherr erhält zur Antwort, dass es in jedem Fall eine Sünde ist, wenn ein Jude ein Christenkind aufzieht und dessen wahre Herkunft verschweigt. Der Patriarch drängt den Tempelherrn, den Namen des Übeltäters preiszugeben, damit er ihn auf dem Scheiterhaufen hinrichten lassen kann. Der Tempelherr jedoch fühlt sich vom Dogmatismus des Patriarchen derart abgestoßen, dass er diese Auskunft verweigert. Dessen Drohung, den Sultan einzuschalten, fängt der Tempelherr ab, indem er andeutet, über bessere Kontakte zu Saladin zu verfügen. Allein zurückbleibend, macht der Patriarch Anstalten, Bonafides mit der Angelegenheit zu betrauen.

IV, 3: Saladin will die Identität des Tempelherrn überprüfen.

Saladins Finanzmisere wird gelindert: Im Palast treffen Beutel voll Geld ein, die wahrscheinlich von Nathan stammen. Sittah zeigt Saladin ein Porträt des verschollenen Bruders Assad, auf das sie zufällig gestoßen ist. Saladin beschließt daraufhin, das Bild mit dem Tempelherrn zu vergleichen, um festzustellen, ob die Ähnlichkeit der beiden Männer wirklich so groß ist.

IV, 4: Der Tempelherr will bei Saladin bleiben.
Saladin spricht den Tempelherrn von jeglicher Verpflichtung ihm gegenüber frei, ist aber hoch erfreut, als dieser dennoch in seiner Nähe bleiben und ihm dienen will, denn Curd erinnert ihn stark an seinen verschollenen Bruder Assad. Unvermutet wird die Harmonie zwischen ihnen gestört: Da der Sultan zu Nathan großes Vertrauen gefasst hat, verstimmt es ihn, wie argwöhnisch und selbstgerecht der Tempelherr von diesem spricht. Als der Tempelherr preisgibt, dass Nathan eine Christin an Kindesstatt angenommen hat, und sich dabei zu judenfeindlichen Äußerungen versteigt, weist Saladin ihn scharf zurecht. Der Tempelherr gesteht, dass er Nathan beinahe dem Patriarchen ausgeliefert hätte, und bittet für seine Unbedachtheit um Verzeihung. Da Saladin seine beiden neuen Freunde miteinander versöhnen und Curd zur Heirat verhelfen möchte, schickt er ihn mit der Aufforderung weg, gemeinsam mit Nathan wiederzukommen.

IV, 5: Saladin vermutet, dass Assad Curds Vater sein könnte.
Auch Sittah, die bei der vorhergehenden Szene ohne Wissen des Tempelherrn zugegen war, ist beeindruckt von dessen Ähnlichkeit mit Assad. Saladin erzählt ihr, dass sich Assad besonders zu Christinnen hingezogen gefühlt habe, und deutet auf diese Weise an, dass Curd Assads Sohn sein könnte. Saladin und Sittah wollen Nathan notfalls zwingen, einer Heirat zwischen Recha und Curd zuzustimmen.

IV, 6: Daja beschwört Nathan, Recha Curd zur Frau zu geben.
Daja verlangt von Nathan, dass er die sich bietende Gelegenheit ergreift und Recha Curd zur Frau gibt. Nathan bekundet seine Wertschätzung des Tempelherrn, mahnt jedoch zur Geduld, da er zunächst dessen Herkunft klären möchte. Die Ankunft des Klosterbruders beendet den Streit; Daja geht ab.

IV, 7: Nathan enthüllt die Ursache seiner Weisheit.

Bonafides eröffnet Nathan, ihm vor 18 Jahren, als er noch kein Klosterbruder, sondern Reitknecht eines Mannes namens Wolf von Filnek war, dessen wenige Wochen altes Töchterchen gebracht zu haben, da die Mutter kurz zuvor gestorben war und der Vater selbst (der bald darauf ebenfalls umkam) es nicht mitnehmen konnte. Nathan bestätigt dies und fügt hinzu, dass Wolf von Filnek sein Freund war. Außerdem gesteht Nathan Bonafides unter dem Siegel der Verschwiegenheit, was er noch keinem erzählte: dass seine Frau und seine sieben Söhne bei einem Pogrom von Christen ermordet wurden und er deswegen in Hass auf die gesamte Christenheit zu versinken drohte und nahe daran war, seinen Glauben an Gott zu verlieren. Dass der Klosterbruder Nathan damals ausgerechnet ein Christenmädchen brachte, trug entscheidend zur Überwindung seiner Krise und zu seinem neuen, unerschütterlichen Gottvertrauen bei. Es kommt zu einer Verbrüderungsszene zwischen Nathan und Bonafides, weil beide davon überzeugt sind, dass ein Kind vor allem Liebe und weniger eine bestimmte Religion braucht. Nathan erklärt sich bereit, Recha gegebenenfalls in die Obhut eines leiblichen Verwandten zu geben. Bonafides verspricht, Nathan ein Büchlein seines ehemaligen Herrn zu bringen, das die Verwandtschaftsverhältnisse klären helfen könnte.

IV, 8: Daja beschließt, Recha deren Herkunft zu verraten.

Nathan erfährt von Daja, dass Sittah nach Recha geschickt hat. Er ist erstaunt und zugleich erleichtert, hatte er doch befürchtet, als Nächstes vom Patriarchen zu hören. Er verdächtigt Daja, dessen Informantin gewesen zu sein, doch sie streitet dies wahrheitsgemäß ab. Weil Daja vermutet, Saladin könne selbst Gefallen an Recha gefunden haben und so ihre Pläne durchkreuzen, beschließt sie, Recha bald über ihre christliche Herkunft aufzuklären.

V. Aufzug: Zusammenführung der Familie

V, 1: Saladins Staatskasse wird gefüllt.
Saladin erhält Kunde vom baldigen Eintreffen der Karawane aus Ägypten, das ihn von seinen Geldsorgen befreien wird. Er beschließt, seine Freigebigkeit auch in Zukunft nicht zu zügeln, da ihn das edelmütige Verhalten zweier Boten in dem Glauben bestärkt hat, seine Untertanen durch sein Vorbild positiv beeinflussen zu können.

V, 2: Saladin sendet seinem Vater Geld.
Mit dem Großteil des Geldes schickt Saladin den Emir Manson zu seinem Vater in den Libanon, der dort die Kriegskasse verwaltet.

V, 3: Der Tempelherr zeigt Einsicht.
Der Tempelherr überlegt, ob seine Verärgerung über Nathan eher daher rührt, dass er sich als potenzieller Schwiegersohn abgelehnt fühlt, oder damit zusammenhängt, dass Nathan jener Religion, der er selbst angehört, gleichsam ein Mitglied entwendet hat, als er Recha deren christliche Herkunft verschwieg. Der Tempelherr gesteht sich ein, dass er Recha aufgrund jener Besonderheit liebt, die ihr durch Nathans Erziehung eignet.

V, 4: Nathan kennt die wahren Verwandtschaftsverhältnisse.
Aus dem Gespräch zwischen dem Klosterbruder und Nathan geht hervor, dass Nathan aus dem Büchlein, das einst Rechas Vater gehörte, erhellende Informationen entnommen hat. Nathan vergewissert sich bei Bonafides, dass es wirklich ein Tempelherr war, der den Patriarchen auf seine Fährte gesetzt hat, und kann nicht glauben, dass dieser mit dem Tempelherrn, den er kennt, identisch ist.

V, 5: Der Tempelherr verrennt sich erneut.
Auf dem Weg zu Saladin gesteht der Tempelherr Nathan, dass er es war, der ihn beim Patriarchen denunziert hat. Der Tempelherr bringt seinen Zweifel an Dajas Enthüllung zum Ausdruck und bekundet seine Gleichgültigkeit in Bezug auf Rechas Herkunft. Er hält es für besser, Recha nicht in dieses Geheimnis einzuweihen, und will sie bald heiraten, um sie vor einem möglichen Zugriff des Patriarchen zu schützen. Nathan macht dem Tempelherrn jedoch klar, dass er als Pflegevater darüber nicht mehr zu entscheiden hat, weil er inzwischen leibliche Verwandte Rechas, insbesondere einen Bruder, ermittelt hat. Da der Tempelherr skeptisch ist, dass Recha bei diesem Mann, dessen Identität Nathan verschweigt, gut aufgehoben ist, will er mit Recha fliehen. Nathan hält ihn zurück.

V, 6: Recha hat Angst davor, Nathan als Vater zu verlieren.
Sittah gewinnt Rechas Vertrauen, indem sie deren Klugheit und Frommheit bewundert und anerkennend von Nathan spricht. Recha verliert die Fassung und eröffnet Sittah, dass sie eine Christin und nicht Nathans leibliche Tochter ist. Sie gesteht ihre Angst, Nathan als Vater zu verlieren.

V, 7: Vaterschaft ist nicht unbedingt eine Sache des Blutes.
Saladin kann angesichts von Rechas Verzweiflung nicht umhin, ihr zu versprechen, dass sie ihren jetzigen Vater behalten darf. Er stimmt ihr zu, dass die leibliche Verwandtschaft nicht allein ausschlaggebend ist, und will sie mit dem Vorschlag aufmuntern, dass sie ja ihn selbst zum Vater wählen könnte, falls Nathan sich mit einem anderen um dieses Vorrecht streiten sollte. Im selben scherzhaften Ton stellt er fest, dass ein Ehemann noch besser für sie sorgen könne als ein Vater, und nimmt Recha nicht ab, dass sie nicht ahnt, auf wen er anspielt.

V, 8: Recha und der Tempelherr sind Geschwister.
Nathan und der Tempelherr stoßen zu Saladin, Sittah und Recha. Der Sultan begrüßt Nathan mit der Mitteilung, dass seine Finanznot überwunden ist und er in dessen Schuld steht. Nathan wiegelt ab und verständigt sich mit Recha darüber, dass sie einander weiterhin als Vater und Tochter betrachten. Als Saladin versucht, Recha dazu zu bewegen, dem Tempelherrn ihre vermeintliche Liebe zu gestehen, schreitet Nathan ein und klärt den Tempelherrn darüber auf, dass er in Wahrheit Leu von Filnek heißt und der Sohn seines Freundes Wolf von Filnek ist – des Vaters von Recha, die auf den Namen Blanda von Filnek getauft wurde. Nach kurzem Zögern kann sich der Tempelherr über seine geschwisterliche Beziehung zu Recha freuen und auch Nathans soziale Vaterschaft in Bezug auf Recha gutheißen. Schließlich enthüllt Nathan, dass Wolf von Filnek mit Saladins Bruder Assad identisch ist. Gerührt erkennen Saladin und Sittah den Tempelherrn und Recha als die Kinder ihres Bruders an. Zum Schluss umarmen alle einander.

Textanalyse und Interpretation

1 Aufbau und Struktur des Stücks

Die Anlage des Stücks folgt weitgehend der dramaturgischen Konzeption von den **drei Einheiten**, die auf den griechischen Philosophen Aristoteles (384–322 v. Chr.) zurückgeht. Während die Einheit der Handlung die „vollständige Durchführung eines einzigen Grundmotivs ohne Episoden“[1] erfordert, ist mit der Einheit des Ortes ein gleich bleibender Schauplatz verknüpft; im *Nathan* spielen zwar alle Szenen in Jerusalem, aber an verschiedenen Schauplätzen. Die Einheit der Zeit gebietet, dass sich die Handlung innerhalb von 24 Stunden vollzieht: *Nathan der Weise* enthält zwar keine genauen Zeitangaben; aber da die Ereignisse ohne Zeitsprünge dicht aufeinander folgen, kann davon ausgegangen werden, dass nicht mehr als ein Tag vergeht. Die Funktion der drei Einheiten besteht darin, eine möglichst große Dichte und Geschlossenheit des auf der Bühne Dargestellten zu erzeugen. Zu Zeiten Lessings erlangte die im *Nathan* umgesetzte Regel von den drei Einheiten zunehmend Gültigkeit: Der Literaturtheoretiker Johann Christoph Gottsched (1700–1766) hatte ihre Beachtung in Anlehnung an den französischen Klassizismus auch für das deutsche Drama gefordert.

Trotz der **Ringparabel**, Nathans „Geschichtchen“ (V. 1905) für Saladin, ist die Einheit der Handlung im *Nathan* gegeben: Zwar wird eine abgeschlossene gleichnishafte Erzählung eingeführt, aber diese unterbricht das Geschehen nur scheinbar. Sie begründet keinen zusätzlichen Handlungsstrang, sondern bildet – exakt in der Mitte des Textes platziert – vielmehr den unverzichtbaren Höhe- und Wendepunkt des bestehenden Handlungsverlaufs. Zum einen paraphrasiert die Ringparabel den ethischen Gehalt des Stücks: Nächstenliebe und Toleranz. Zum anderen hätte Nathan sich ohne die Ringparabel weder Saladins Freundschaft erworben, noch hätte dieser sich des Tempelherrn erinnert – beide Ereignisse treiben die Enthüllung der Verwandtschaftsbeziehungen, auf die das Stück zusteuert, entscheidend voran.

Der Handlungsverlauf des Stücks, innerhalb dessen die Ringparabel die beschriebene Sonderstellung einnimmt, ist in **fünf Aufzüge** gegliedert, die man auch als Akte bezeichnet. Diese Handlungsstruktur führt die Spannungskurve über fünf Stufen und lädt so das Geschehen auf der Bühne mit Kausalität auf – jede einzelne Stufe erscheint als notwendig und folgerichtig. Das fünfstufige Schema, das im Drama der Klassik zur Regel wurde, stellt eine Differenzierung der aristotelischen Bauform der Tragödie dar, in der sich Exposition, Peripetie und Katastrophe auf insgesamt drei Akte verteilten.

Der erste Aufzug erfüllt auch im fünfstufigen Schema stets die Aufgabe einer **Exposition** (Einleitung): Die Zuschauerinnen und Zuschauer des *Nathan* werden mit der Situation des Waffenstillstands und mit den wesentlichen Personen des Stücks, vor allem mit Nathan und dem Tempelherrn, vertraut gemacht. Die unmittelbare Vorgeschichte – Brand und Begnadigung – wird erzählt. Außerdem werden alle Konfliktthemen angerissen: der Judenhass des Tempelherrn, die Finanznot Saladins, die Schwärmerei Rechas, das Geheimnis um deren Herkunft.

Der zweite Aufzug enthält die **steigende Handlung**, das heißt eine Steigerung der Verwicklungen: Saladin und Sittah verfallen auf Nathan als möglichen Kreditgeber; Nathan versucht, den Tempelherrn zu erziehen, und zweifelt an dessen Identität; der Derwisch Al-Hafi erweist sich als nicht korrumpierbar.

Der dritte Aufzug fungiert als **Peripetie** (Höhe- und Wendepunkt) und schildert den offenen Ausbruch der bestehenden

Die Struktur des Dramas

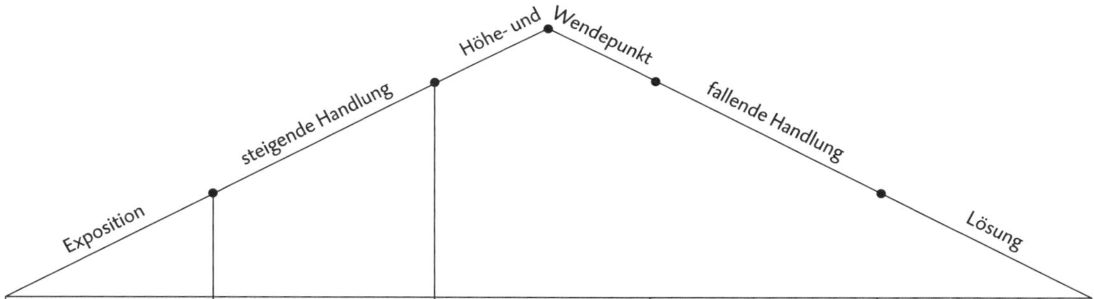

1. Aufzug	2. Aufzug	3. Aufzug	4. Aufzug	5. Aufzug
• Vorgeschichte: Rechas Rettung, Begnadigung des Tempelherrn • Nathan kritisiert Rechas Wunderglauben • Finanznot Saladins • Judenhass des Tempelherrn	• Nathan – Kreditgeber Saladins? • Nathan gewinnt Tempelherrn zum Freund • Al-Hafi legt sein Amt nieder	• Tempelherr verliebt sich in Recha • Ringparabel: Lektion für Saladin und Toleranz-Plädoyer • Nathan opponiert gegen Heirat • Dajas Verrat	• Denunziation Nathans beim Patriarchen • Saladin verteidigt Nathan und rügt Tempelherrn • Nathans Geständnis: Ursache seiner Weisheit • Recha erfährt von ihrer Herkunft	• Saladins Finanznot beendet • Zusammenführung der Familie mit Nathan als sozialem Vater

Konflikte: Der Tempelherr verliebt sich in Recha und wird von Nathan hinsichtlich einer Heirat vertröstet; Nathan erteilt dem Sultan mit der Ringparabel eine Lektion und plädiert für Toleranz; Daja verrät dem Tempelherrn das Geheimnis um Rechas Herkunft.

Mit dem vierten Aufzug geht eine **fallende Handlung** einher: Der Tempelherr denunziert Nathan beim Patriarchen, gibt aber Nathans Namen nicht preis; Saladin will Frieden zwischen Nathan und dem Tempelherrn stiften; die Ähnlichkeit des Tempelherrn mit Assad wird bestätigt; Nathan offenbart die Ursache seiner Weisheit; Daja verrät Recha deren Herkunft.

In eine **Lösung** in Form eines harmonischen Schlusses mündet die Handlung im letzten Aufzug: Saladins Staatskasse wird gefüllt und Nathans Enthüllung der Verwandtschaftsverhältnisse führt die Familie zusammen. Recha und der Tempelherr erweisen sich als Geschwister sowie als Kinder von Saladins verstorbenem Bruder Assad; Nathan übernimmt ihre soziale Vaterschaft.

Ein weiteres Merkmal des Stücks besteht darin, dass es sich um ein **analytisches Drama** und nicht um ein Zieldrama (synthetisches Drama) handelt. Zwar steuert die Handlung von Anfang an auf ein bestimmtes Ziel zu: die Enthüllung der Verwandtschaftsverhältnisse. Gleichwohl überwiegen jene Elemente, die ein analytisches Drama auszeichnen, da das Bühnengeschehen Tatsachen aufdeckt, die sich vor dem Beginn des Dramas zutrugen. Außerdem wird die Handlung durch drei zur Vorgeschichte gehörende gute Taten in Gang gesetzt, die von je einem Vertreter jeder Religion vollbracht werden: Nathan hat Recha adoptiert, Saladin den Tempelherrn begnadigt und dieser wiederum Recha gerettet. Das Stück selbst handelt also lediglich von den Folgen dieser Taten, und je weiter es voranschreitet, desto mehr erfährt man über die Vergangenheit, desto mehr werden den Figuren ihre Motive und Gefühle erklärlich. Der Eindruck von Zwangsläufigkeit, der durch diese dramaturgische Besonderheit mit hervorgerufen wird, trägt dazu bei, das Publikum zu bannen.

2 Charakterisierung der Hauptfiguren

Eine Kluft zwischen dem Wesen eines Menschen und dessen Stellung in der Gesellschaft gibt es, wie der Klosterbruder Bonafides einsichtsvoll bemerkt, häufig: „Doch was man ist, und was/ Man sein muss in der Welt, das passt ja wohl/ Nicht immer." (V. 3312 ff.) Diese Äußerung kann als Hinweis darauf gelesen werden, dass Lessing seine Figuren als **Objekte gesellschaftlicher Zwänge** konzipiert hat, die sie daran hindern, gemäß den eigenen Wünschen und Vorstellungen zu leben. Wo die Grenze der Wirkung dieser Zwänge liegt, markiert demgegenüber Nathans Ausruf „Kein Mensch muss müssen" (V. 385): Niemand ist von der **Verantwortung** für sein Handeln freizusprechen, seien die gesellschaftlichen Rahmenbedingungen auch noch so widrig.

Lessing betont dieses Argument, indem er das Geschehen in der Zeit der Kreuzzüge in Jerusalem ansiedelt und den vier Hauptfiguren (Nathan, Recha, der Tempelherr und Saladin) drei Weltreligionen zuordnet (Judentum, Christentum und Islam). Denn gerade in kriegerischen Zeiten erweist sich die **Humanität** des Einzelnen – also letztlich die Fähigkeit, durch eine tolerante Gesinnung Menschlichkeit unter Beweis zu stellen – als bedeutsam und darf nicht zugunsten einer vorbehaltlosen Anpassung an den Status quo, hier an eine fundamentalistische, intolerante Religionsauffassung, aufgegeben werden. Daher ist es kein Zufall, dass Nathan, Recha, der Tempelherr und der Sultan Saladin als **spannungsreiche Charaktere** gestaltet sind, die zu einer kritischen Distanz gegenüber ihrer Umwelt fähig sind.

Darüber hinaus sind diese vier Personen besonders vielschichtig angelegt. Sie sind, wie Saladin es von sich behauptet, „ein Ding von vielen Seiten, die/ Oft nicht so recht zu passen scheinen mögen" (V. 2712 f.): Jede der Hauptfiguren hat Stärken und Schwächen, jede befindet sich im Widerstreit zwischen

Emotionalität und Rationalität, zwischen Dogmatismus und Toleranz (vgl. Schaubild); jede durchläuft eine Krise, die ihr Selbstverständnis erschüttert und ihre individuelle moralische Entwicklung vorantreibt. Somit wird das programmatisch optimistische Menschenbild der Aufklärung lebendig, innerhalb dessen die **sittliche Vervollkommnung** des Einzelnen angestrebt wurde.

Die wichtigsten Figuren des Dramas zwischen Toleranz, Dogmatismus, Emotionalität und Rationalität

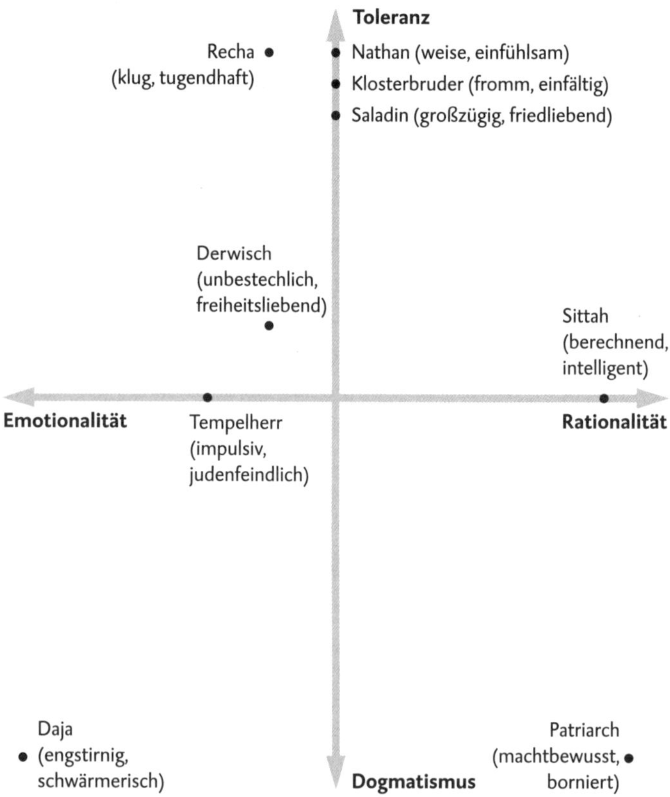

Nathan

Wie bereits der Titel verdeutlicht, ist Nathan die wichtigste Figur des Stücks. Gleich zu Beginn der Handlung wird er als erfolgreicher und **freigebiger Kaufmann** eingeführt, der zu seinem Reichtum nicht durch Geiz und Geldgier, sondern durch seine **Geschäftstüchtigkeit** gelangte: Er, der just mit wertvollen Waren von einer Geschäftsreise zurückgekehrt ist, reagiert gelassen und humorvoll, als seine Bedienstete Daja ihm erzählt, dass er beinahe einen großen materiellen Verlust – den seines Hauses – erlitten hätte: „Dann, Daja, hätten wir ein neues uns/ Gebaut; und ein bequemeres" (V. 17 f.). Es steht nicht im Widerspruch zu seiner Großmütigkeit, dass er dem Derwisch Al-Hafi in dessen Funktion als Schatzmeister Saladins kein Darlehen geben möchte (I. Aufzug, 3. Auftritt) und er das „Schulden einkassieren" (V. 9) für notwendig hält. Vielmehr sind diese Verhaltensweisen Ausdruck einer **Missbilligung der Verschwendungssucht Saladins** beziehungsweise von Nathans **ökonomischem Sachverstand**, der ihn äußerst profitabel Handel treiben lässt. Angesichts seines beruflichen Erfolgs bleibt Nathan allerdings **bescheiden**, denn er behauptet, lediglich „Natur und Glück" (V. 34) seien die Ursachen seines Wohlstands.

Dass Nathan aus Prinzip Geld an Bedürftige verschenkt, es aber eigentlich nicht verleiht und – sollte der Fall ausnahmsweise dennoch eintreten – keine Zinsen nimmt, kennzeichnet ihn als ungewöhnlichen und für die Zeitgenossen Lessings sogar **provokanten Vertreter des Judentums**. Denn die Juden, die auch zur Entstehungszeit des Stücks eine benachteiligte Gruppe darstellten, deren Arbeitsmöglichkeiten und Lebensumstände durch Vorschriften stark eingeschränkt waren, spezialisierten sich aus dieser Not heraus zum Teil auf Geldgeschäfte und wurden dafür wiederum diskriminiert.

Doch warum nennt sein „Volk" Nathan nicht nur „reich", sondern auch „weise"? Der Begriff „weise" bezeichnet im Allgemeinen eine Form der Klugheit, die über berufliche Geschicklichkeit hinausgeht: **Weisheit** ist bedingt durch ein gewisses Maß an Lebenserfahrung, das ein bestimmtes Alter voraussetzt. Nathan hat seine Lebensklugheit auf besonders schmerzvolle Weise erworben: Sie rührt von dem traumatischen Erlebnis der Ermordung seiner ganzen Familie durch Christen her; denn Nathan gelingt es, aus der Krise, in die ihn dieser Verlust stürzte, moralisch gestärkt hervorzugehen und sein **nunmehr unerschütterliches Gottvertrauen** zu beweisen, indem er – statt mit seinem Schicksal zu hadern – ausgerechnet ein christliches Waisenkind, Recha, aufnimmt. Dadurch wird gezeigt, dass Nathan „sowohl ein Mann der Vernunft wie des Glaubens"[2] ist, für den Religion praktizierte Nächstenliebe bedeutet.

Nathans Reifungsprozess hat sich Jahre vor Einsetzen der Handlung vollzogen und so ist Nathan unter den Personen des Stücks diejenige **mit dem größten inneren Gleichgewicht**. Gleichwohl hat ihn seine Vergangenheit nicht zu Gleichgültigkeit geführt. Wie in zahlreichen Dialogen – insbesondere mit Recha, dem Tempelherrn und Saladin – deutlich wird, nutzt Nathan seine Intellektualität und sein Einfühlungsvermögen nämlich dazu, seine Mitmenschen – ohne Überheblichkeit – zu **erziehen**. Es ist ihm ein Anliegen, andere durch sein engagiertes Argumentieren sowohl zu einer Haltung der Toleranz und Offenheit, zu einem selbstständigen Gebrauch der Vernunft anzuregen als auch die Einstellung zu vermitteln, dass es vor allem auf die Umsetzung einer aufgeklärten Denkhaltung ankommt: auf gute Taten, die neue gute Taten nach sich zu ziehen vermögen.

Aber obwohl Nathan seine Lebenskrise gemeistert und sie sozusagen in Weisheit transformiert hat, wird er durch den Handlungsverlauf gezwungen zu zeigen, inwiefern er selbst den hohen Maßstäben genügt, die er – streng und gütig zugleich – an andere anlegt. Zweimal wird er **auf die Probe gestellt**: intellektuell durch Saladins Frage nach der besten Religion, emotional durch den drohenden Verlust Rechas. Beide Prüfungen besteht Nathan mit Bravour.

In der ersten seiner beiden Prüfungen wehrt Nathan mit seiner Erzählung der so genannten **Ringparabel** eindrucksvoll den „Anschlag“ (V. 1144) ab, den Sittah plante, um ihn dazu zu zwingen, ihrem Bruder Saladin einen umfangreichen Kredit zu gewähren. Sittah unterschätzt Nathan, wenn sie prognostiziert, dass dieser nur zwei Möglichkeiten besitze, der ihm gestellten Falle zu entkommen: entweder indem er mit einer „dreisten Stärk’“ die Stricke zerreißt oder sich mit einer „schlauen Vorsicht“ (V. 1757, 1759) an den Netzen vorbeiwindet. Nathan weicht nämlich der Frage, welche Religion ihm am meisten „eingeleuchtet“ (V. 1841) habe, weder aus, noch kapituliert er vor ihrer Komplexität. Er gibt eine erhellende Antwort, die den Sultan zu beschämen vermag, indem sie ihm die Unangemessenheit seines Ansinnens vor Augen führt (vgl. *Interpretationshilfe* S. 76 ff.).

Zur zweiten Prüfung wird für Nathan die Gefahr, Recha als Tochter zu verlieren. Sie macht **sein ganzes Lebensglück** aus, weil er sie sozusagen auch stellvertretend für seine ermordete Familie liebt. Seine **Liebe zu Recha** äußert sich vor allem darin, dass er sie zu Klugheit und Frommheit erziehen will. Einfühlsam, wie er ist, spürt Nathan zum Beispiel sehr wohl, wie stark Recha darunter leidet, ihrem Retter nicht persönlich danken zu können (V. 69); gleichwohl führt er ihr unbarmherzig vor Augen, dass „Stolz“ (V. 293) und Bequemlichkeit sie dazu veranlasst haben, den Tempelherrn zu einem übersinnlichen Geschöpf, einem Engel, zu verklären: „Begreifst du aber, / Wie viel *andächtig schwärmen* leichter, als / *Gut handeln* ist?“ (V. 359 ff.) Wenn Nathan Recha gegenüber seine Zufriedenheit mit ihr bekundet – „Ich möchte dich nicht anders, als du bist“ (V. 1160) –, so drückt sich darin ein **väterlicher Stolz** aus, mit dem Nathan sich indirekt zu seinem Erziehungsprojekt beglückwünscht.

Um sich selbst und Recha vor Verfolgung zu schützen, aber vor allem, weil er befürchtet, dass sie ihn nicht mehr länger als Vater akzeptieren würde, wenn sie von ihren leiblichen Eltern erführe, hat Nathan **Rechas Herkunft** geheim gehalten und Daja – vor allem mit Geschenken – dazu gebracht, ihn dabei zu unterstützen: „Nimm du so gern, als ich dir geb: – und schweig!“ (V. 53)

Durch die Ankunft des Tempelherrn in Jerusalem wird es jedoch unmöglich, die jahrelange Täuschung aufrechtzuerhalten. **Nicht aus Eifersucht** zögert Nathan, diesen als Schwiegersohn anzunehmen, sondern weil er ahnt, dass eine Heirat einem Inzest gleichkäme. Nathan beweist **Verantwortungsbewusstsein**, als er die wahre Identität des Tempelherrn zu ergründen sucht und dafür bereit ist, auch Recha ihre Herkunft zu enthüllen – auf die Gefahr hin, dass sie sich von ihm abwendet. Aber letztlich gewinnt Nathan durch die Aufdeckung der Verwandtschaftsverhältnisse im Tempelherrn gleichsam einen Sohn, statt eine Tochter zu verlieren: „O meine Kinder! meine Kinder – Denn meiner Tochter Bruder wär’ mein Kind / Nicht auch, – sobald er will?“ (V. 3812 ff.) Nathan ist bereit, eine neue Vaterrolle zu übernehmen, die statt auf Autorität auf wechselseitiger Anerkennung gründet. Darin offenbart sich ein weiteres Mal Nathans moralische Größe, denn er begegnet dem Tempelherrn mit **Nachsicht und Sympathie**, obwohl dieser ihn beinahe an den Patriarchen verriet und ihm bis zuletzt misstraut: „Er hat / Ihr einen Vater aufgebunden: – wird / Er keinen Bruder für sie finden?“ (V. 3753 ff.)

Mit seinem einfühlsamen und vernünftigen Verhalten verkörpert Nathan den **Inbegriff des aufgeklärten Menschen**, der andere immer wieder ermutigt, es ihm gleichzutun. Wie das Schaubild auf Seite 41 dieser *Interpretationshilfe* zeigt, ist es stets Nathan, der Verbrüderungen herbeiführt und somit Begegnungen in der Sphäre religionsübergreifender Humanität ermöglicht.

Recha

Die Waise Recha ist die einzige Figur, in deren Biografie sich **alle drei Religionen** überschneiden, die in diesem Stück aufeinander treffen (vgl. Schaubild S. 41): Ursprünglich auf den Namen Blanda getauft, wurde sie als Tochter einer Christin und eines Moslems geboren – ihr und zugleich des Tempelherrn Vater ist Saladins Bruder Assad, der sich später Wolf von Filnek nannte; außerdem hat Recha auch eine enge Verbindung zum Judentum, denn sie wurde von Nathan erzogen. (Ihre Mutter starb anscheinend bei oder kurz nach ihrer Geburt, ihr Vater in einer Kreuzzugsschlacht.)

Da diese Verwandtschaftsverhältnisse erst am Ende des Stücks aufgedeckt werden, wächst Recha bei Nathan **zu einer selbstbewussten jungen Frau** heran, ohne Kenntnis von ihrer ungeklärten Abstammung zu besitzen. Nathan hat sie, wie der Tempelherr dem Patriarchen gegenüber andeutet (V. 2554 f.), **in keinem bestimmten Glauben erzogen**, sondern ihr lediglich eine allgemeine Frömmigkeit vermittelt. Somit verkörpert Recha das Ideal einer religionsübergreifenden Menschlichkeit – was im Stück unterbelichtet bleibt, denn bei den Verbrüderungsszenen, in denen das Ideal einer religionsübergreifenden Menschlichkeit seine einigende Wirkung entfaltet, bleibt Recha außen vor; diese Freundschaftsbünde werden im Stück ausschließlich zwischen Männern geschlossen (vgl. Schaubild S. 41).

Dem äußeren Anschein entsprechend wird Recha als Jüdin wahrgenommen; ihre **Selbstwahrnehmung** hingegen wird vor allem durch ihre Rolle als Tochter bestimmt: Ihre Bindung zu Nathan ist so stark, dass sie beispielsweise „Horch! horch! / Da kommen die Kamele meines Vaters!“ (V. 72 f.) ausruft, bevor dieser sich auch nur annähernd in Hörweite befindet. Und am Ende, als Recha erfährt, dass Nathan nicht ihr leiblicher Vater ist, stürzt diese Neuigkeit sie in tiefe Furcht, ihn zu verlieren, wohingegen sie keine Sehnsucht nach ihren leiblichen Eltern verspürt, von deren Tod sie noch nichts weiß: „Aber macht denn nur das Blut/ Den Vater?“ (V. 3653 f.) Recha **beugt sich gern der Autorität Nathans**: Nachdem er sie davon überzeugt hat, dass es keine harmlose „Grille“ (V. 142) darstellt, sich am liebsten von einem Engel gerettet zu glauben, sondern eine eitle und potenziell grausame Schwärmerei, ruft sie leidenschaftlich aus: „Ah,/ Mein Vater! lasst, lasst Eure Recha doch/ Nie wiederum allein!“ (V. 364 ff.) Sie braucht seine Anwesenheit, weil ihr sein weiser Rat in allen Lebenssituationen Orientierung bietet. Voraussetzung dafür ist ihre **uneingeschränkte Offenheit** ihm gegenüber, die es ihr völlig abwegig erscheinen lässt, Geheimnisse vor ihm zu haben: „Schon die Möglichkeit, mein Herz/ Euch lieber zu verhüllen, macht mich zittern“ (V. 1169 f.).

Nathan vergilt seiner Pflegetochter diese **Anhänglichkeit** mit liebevollem Lob: „Was auch in deinem Innern vorgeht, ist/ Natur und Unschuld“ (V. 1164 f.). Durch diese Formulierung betont Lessing, dass Recha als weibliche Hauptfigur seines Stücks in vorbildlicher Weise den zeitgenössischen Geschlechternormen entspricht, welche die **Frau als das moralische, tugendhafte Geschlecht** und den Mann als das vernünftige, autonome Gattungssubjekt – das heißt als Verkörperung des Menschen an sich – definierten.

Den Charakter einer Frau, wie es bei Recha geschieht, mit „Natur und Unschuld“ in Verbindung zu bringen, ist hier konkret so zu verstehen, dass sie zum einen über die ihrem Geschlecht abverlangte Keuschheit verfügt und zum anderen nicht in ‚übertriebenem‘ Maße gebildet ist. Denn im ausgehenden 18. Jahrhundert wurden progressive, frühaufklärerische Forderungen nach einer **Gleichberechtigung** der Geschlechter (in Bildungsfragen) schließlich immer mehr zurückgedrängt – zugunsten einer Erziehung der Mädchen im Hinblick auf ihre zukünftige Bestimmung: auf die Rolleneinheit aus Gattin, Hausfrau und Mutter, die eine Unterordnung unter das männliche

Recha im Spannungsfeld der drei Religionen

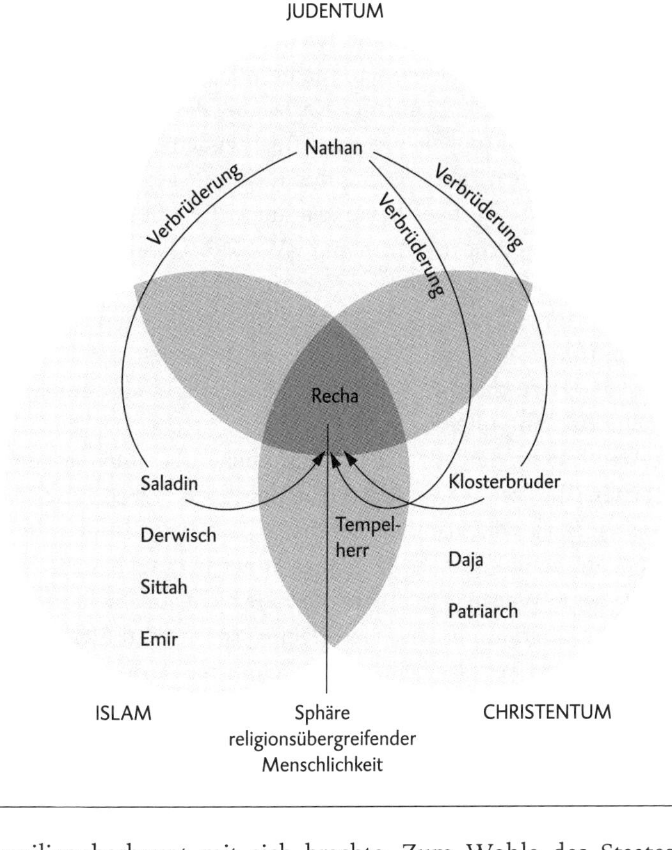

Familienoberhaupt mit sich brachte. Zum Wohle des Staates und der Allgemeinheit sollte ihr Platz vorwiegend in der privaten Sphäre sein – eine Funktion, für die **Gelehrsamkeit** als schädlich angesehen wurde.

Vor diesem Hintergrund erweist sich Recha ebenfalls als mustergültig. Zwar kann das Publikum nur vermuten, dass Recha, wie es sich geziemte, von ihrer mütterlich auftretenden Gesellschafterin Daja in die Erfordernisse der Haushaltsführung eingewiesen wurde; entscheidend ist jedoch, dass Nathan Recha offenbar **die ihrem Geschlecht angemessene Bildung** zukommen ließ: Nachdem Sittah Rechas Vertrauen durch schmeichelnde Worte zu gewinnen suchte – „So jung! so klug! so fromm!“ (V. 3525) –, eröffnet Recha ihr, dass sie kaum lesen kann und ihre Klugheit nicht auf Buchwissen beruht, sondern auf mündlicher Unterweisung durch ihren Vater: „Mein Vater liebt / Die kalte Buchgelehrsamkeit, die sich / Mit toten Zeichen ins Gehirn nur drückt, / Zu wenig“ (V. 3533 ff.). Sittah hingegen, die auf eine umfangreiche Lektüre zurückblicken kann, hat die Grenzen ihres Geschlechts überschritten; sie verfügt über eine „kalte, ruhige Vernunft“ (V. 3564), die sie gezielt zur Absicherung der Herrschaft ihres Bruders einsetzt, und sie genießt es, andere zu manipulieren.

Aber nur auf den ersten Blick reproduziert Lessing hier ungebrochen die zeitgenössischen Geschlechternormen. Auf den zweiten Blick wird nämlich sichtbar, dass Nathan für das Erziehungsprogramm, das er Recha verordnet hat, auch selbst einsteht: Seine Weisheit resultiert ja gerade nicht aus Büchern, sondern aus einem traumatischen Erlebnis. Somit wird hier – wenn auch auf der Grundlage eines unverkennbaren Autoritätsgefälles zwischen Nathan und Recha – für beide Geschlechter eine Form der **Bildung** propagiert, die **in Erfahrung wurzelt**. Des Weiteren bleibt festzuhalten, dass Recha eine geistige Beweglichkeit eignet, die sie durchaus zu intellektueller Konkurrenz mit dem anderen Geschlecht befähigt: Dem Tempelherrn gibt sie trotz ihrer Nervosität schlagfertige Antworten (III, 2).

Rechas Tadellosigkeit ist, daran lässt der Text keinen Zweifel, ausschließlich Nathans Erziehung zuzuschreiben, während Daja, Witwe eines Kreuzfahrers, einen ungünstigen Einfluss auf ihren Zögling ausübt. Recha ist sich darüber im Klaren, dass sie widerstreitenden Weltanschauungen ausgesetzt ist: Sie beschreibt Nathans Einwirkung als „Samen der Vernunft“, den er „so rein“ in ihre „Seele streute“, während sie Dajas Auslassungen als „Unkraut oder Blumen“ klassifiziert, durch deren Duft sie sich „so betäubt, so schwindelnd“ fühlt (V. 1564 ff.). Da Rechas Loyalität jedoch uneingeschränkt Nathan gehört, ist sie letztlich **gefeit gegen die Einflüsterungen Dajas**. Mit Scharfblick analysiert sie die „gute böse Daja“ (V. 3572) und lässt sich weder von ihrer Toleranz abbringen und zum Christentum bekehren noch mit dem Tempelherrn verkuppeln. Ihre Zuneigung zu ihm ist zwar intensiv, aber nicht leidenschaftlich, und zeugt damit von einem intuitiven Wissen um den drohenden Tabubruch durch ein inzestuöses Begehren: „Was Kält'? Ich bin nicht kalt. Ich sehe wahrlich / Nicht minder gern, was ich mit Ruhe sehe“ (V. 1730 f.).

Im Verlauf des Stücks gewinnt Recha an Eigenständigkeit: Aus der passiven **Rolle der Geretteten**, in der sie aufgrund der Adoption durch Nathan und auch aufgrund der Tat des Tempelherrn verhaftet war, **emanzipiert** sie sich zu einer Frau, die um ihre Beziehung zu Nathan kämpft und mit ihm schließlich einen Pakt wechselseitiger Anerkennung schließt (V, 8).

Der Tempelherr

Der Tempelherr ist die unberechenbarste, labilste Figur des Stücks, deren wahre Identität bis kurz vor Schluss ein Rätsel bleibt. Es ist bezeichnend sowohl für die **innere Zerrissenheit** des Tempelherrn als auch für seine ungewisse Identität, dass er seinen Namen – dieser stammt von seinem Onkel, der ihn einst adoptierte – nur zögerlich preisgibt: „Mein Name war – ist Curd von Stauffen. – Curd!“ (V. 1374) Als der Tempelherr schließlich als Leu von Filnek – und damit als Bruder Rechas und Neffe Saladins – identifiziert wird, ist seine **Selbstfindung**, die vor allem durch seine Dialoge mit Nathan gefördert wurde, zwar unumkehrbar eingeleitet, aber keineswegs abgeschlossen. Beachtung bei einer Charakterisierung des Tempelherrn verdienen daher vor allem die Stationen seiner psychischen Entwicklung, die ihm zunehmend seine Vorurteile bewusst macht.

Eigentlich hat seine Begnadigung den Tempelherrn in eine schwere **Identitätskrise** gestürzt. Mit Recha ausgerechnet die Tochter eines Juden gerettet zu haben – also eine Angehörige des Volkes, das der Tempelherr verachtet –, hat diese Identitätskrise lediglich verschärft: Ziellos und schwermütig wandert der Tempelherr vor seiner ersten Begegnung mit Nathan tagaus, tagein unter Dattelpalmen hin und her, denn er ist des Lebens, das ihm so unverhofft geschenkt wurde, überdrüssig – insbesondere weil Saladins ungewöhnliche Maßnahme seine **Ahnungen bezüglich seiner muslimischen Herkunft** bestätigte und folglich seine bisherigen Überzeugungen und Feindbilder infrage stellt. Dass diese Ahnungen ihn aus Deutschland nach Palästina führten, wird in den letzten Zeilen des Stücks klar, als er auf „jene Träume,/ Womit man meine Kindheit wiegte“ (V. 3845 f.), Bezug nimmt.

Jener junge Mann, der sich Curd von Stauffen nennt, gehört dem im 12. Jahrhundert gegründeten Orden der Templer an, die, gekleidet in einen weißen Mantel mit rotem Kreuz, gegen Ungläubige, das heißt Nichtchristen, in den Krieg zogen. Ursprünglich bestand ihre Mission in der Pflege Verwundeter. Der hier auftretende Tempelherr ist jedoch dadurch, dass ihn merkwürdige Umstände vor der Hinrichtung bewahrten, in seiner **Selbstdefinition als Soldat** unwiderruflich erschüttert: Er bezeichnet die Kreuzzüge als „fromme Raserei“ (V. 1297) und verbrüdert sich mit Nathan, nachdem er seine judenfeindlichen Vorurteile vorübergehend niedergerungen hat (vgl. *Interpretationshilfe* S. 71 ff.).

Doch die Anerkennung „als Mensch“ (V. 1311 f.), die dem Tempelherrn durch Nathan widerfährt, vermag seine innere Unruhe, Ergebnis seiner ungeklärten Herkunft, nur kurzfristig zu betäuben: Der Tempelherr erwartet von Saladin eine Aussage darüber, wie er sein Leben zukünftig gestalten soll, denn durch sein **Bekenntnis zum Menschsein** ist er noch nicht der Notwendigkeit enthoben, als Individuum eine Identität auszubilden und sich einen Platz im sozialen Gefüge zu erobern.

In diesem **Bedürfnis nach einer sozialen Heimat** gründet auch die Liebe des Tempelherrn zu Recha: Aus dem Gefühl heraus, „An sie verstrickt, in sie verwebt zu sein“ (V. 2125), entschließt er sich **nach einem inneren Kampf**, mit seiner Vergangenheit als militanter Christ zu brechen – „Ich Tempelherr/ Bin tot“ (V. 2135 f.) – und seine Begnadigung als Wiedergeburt unter besseren Vorzeichen zu bewerten: „Der Kopf, den Saladin mir schenkte“, „ist ein bessrer“ (V. 2138, 2141). Seiner Sehnsucht nach familiärem Anschluss entspringt auch die Dringlichkeit, mit der er von Nathan als Schwiegersohn akzeptiert werden will. Da Nathan jedoch vermutet, dass Recha und Curd Geschwister sein könnten, reagiert er auf die wiederholte Anrede „Mein Vater!“ zurückhaltend mit den Ausrufen „Lieber junger Mann!“ und „Lieber, lieber Freund!“ (V. 2179, 2184) und bringt dadurch den Tempelherrn in Rage.

Wie gefährlich die **Impulsivität** des Tempelherrn ist, wird deutlich, als dieser beinahe im Anschluss an diese Szene Nathan an den Patriarchen verrät. Von Daja über Nathans vorgetäuschte Vaterschaft informiert, bricht die **Judenfeindlichkeit** des Tempelherrn wieder hervor: Der „tolerante Schwätzer“ Nathan gilt ihm als ein „jüd’sche[r] Wolf / Im philosoph’schen Schafpelz“ (V. 2779 ff.). Dass er sich durch den Sultan **nur vermeintlich besänftigen** und auf den Weg der Toleranz zurückführen lässt, zeigt die Schlussszene, in der er Nathan der Lüge verdächtigt: „Er hat/ Ihr einen Vater aufgebunden: – wird/ Er keinen Bruder für sie finden?“ (S. 3753 ff.)

Gleichwohl zweifelt er nicht an Nathans Enthüllung der Verwandtschaftsverhältnisse, sondern freut sich nach kurzem Zögern sogar darüber, in Recha eine **Schwester statt einer Braut** gefunden zu haben – eine Entwicklung, die man als Leserin bzw. Leser kaum bedauert, war doch die Liebe des Tempelherrn zu Recha von Anfang an funktionalistisch: geprägt von einer Suche nach der unverbrüchlichen Verbundenheit von Verwandtschaftsbeziehungen. Diese Beweggründe kommen auch darin zum Tragen, dass der Tempelherr Recha als eine Art Ding betrachtet, auf das er durch seine Rettungsaktion ein Anrecht besitzt. Er unterschätzt Rechas Eigenständigkeit und nimmt sie in ihrer Individualität nicht ernst, wenn er sie als „Engel" bezeichnet, den „andre so verhunzen werden" (V. 3492 f.).

Der Tempelherr (Martin Bretschneider), Daja (Barbara Krämer-Hammer) und Recha (Martina Stilp). Inszenierung von Thomas Reichert am Schauspielhaus Graz (2002). Foto: Peter Manninger

Trotz all seiner Fehler ist der Tempelherr jedoch von einer Wesensart, die Nathan ebenso spontan wie zutreffend auf folgende Formel bringt: „Die Schale kann nur bitter sein: der Kern / Ist's sicher nicht" (V. 1197 f.). Somit ist er als ein junger, unreifer Mann bestimmt, dessen **gute Anlagen** erst noch entfaltet werden müssen. Einerseits unbeherrscht und stolz, andererseits kühn und ehrlich, ist er trotz seines hitzigen Temperaments zu Bösem nicht wirklich in der Lage. Von daher erstaunt es nicht, dass der Tempelherr zweimal der Versuchung widersteht, sich zum Werkzeug des Patriarchen machen zu lassen.

Am Ende hat der Tempelherr zwar äußerlich betrachtet zu einer Identität gefunden, von innerer Ausgeglichenheit oder Toleranz ist er allerdings – wie insbesondere sein sprunghaftes Verhalten Nathan gegenüber illustriert – noch weit entfernt. Dennoch hat er sich von allen Figuren am meisten verändert. Er hat sich seiner verdrängten Vergangenheit gestellt und ist dadurch zur **Selbsterkenntnis** gelangt: „Ich bin ein junger Laffe,/ Der immer nur an beiden Enden schwärmt“ (V. 3401 f.). Damit hat er den ersten Schritt zur Besserung getan und den Pfad der Vernunft eingeschlagen.

Sultan Saladin

Bei der Figur des Saladin hat Lessing sich an einem historischen Vorbild orientiert: Dass Salah-ed-Din (1138–1193), dessen Herrschaftsbereich zu diesem Zeitpunkt bereits Jerusalem einschloss, 1187 ein Kreuzfahrerheer in Nordpalästina besiegte und sich zum Herrscher über große Teile des Königreichs machte, führte 1189 zum Dritten Kreuzzug. Beendet wurde dieser 1192 durch einen Waffenstillstand, ausgehandelt zwischen dem englischen König Richard Löwenherz und Salah-ed-Din. Der Legende nach wollte Salah-ed-Din, um den Frieden zu sichern, vom Islam **zum Christentum konvertieren**, damit er eine Tochter seines Feindes Kaiser Friedrich I. (Barbarossa) heiraten konnte.

Der fiktive Saladin ähnelt seinem Vorbild insofern, als er ebenfalls sowohl ein **erfolgreicher militärischer Befehlshaber** als auch ein **geistig aufgeschlossener Herrscher** ist. Ersteres wird dem Publikum nicht unmittelbar vor Augen geführt, da es den Sultan lediglich in seiner privaten Sphäre erlebt, sondern erklärt sich implizit aus der Situation, dass er Jerusalem zu erobern vermochte. Letzteres, seine Aufgeklärtheit, wird bereits in der ersten Szene, in der Saladin auftritt, vermittelt. Zum einen wird ersichtlich, dass er sich als **Friedensstifter** versteht, denn er bekundet seiner Schwester Sittah gegenüber sein Bedauern über das Scheitern seiner religionsübergreifenden Heiratspläne zwischen seiner Familie und der von Richard Löwenherz. Zum anderen widerspricht er Sittah, die ihn ob dieses Vorhabens der Naivität bezichtigt, indem er ihre pauschalen Urteile über „die Christen" (V. 867 ff.) zurückweist. Saladin unterscheidet sorgfältig zwischen Christen und Tempelherren und erachtet ausschließlich diese militanten Verfechter des Christentums als Kriegstreiber: „Die Tempelherren,/ Die Christen nicht, sind schuld" (V. 889 f.).

Der erste Eindruck, den das Publikum von Saladin erhält, ist jedoch weitaus weniger positiv. Im Gespräch zwischen Nathan und dem Derwisch wird das Bild eines Herrschers gezeichnet, der insofern versagt, als er nicht mit Geld umgehen kann: **Zu freigebig** ist er dort, wo sein Kapital in Kanälen versickert, „die zu füllen oder zu/ Verstopfen, gleich unmöglich ist" (V. 416 f.). Außerdem vereint er in sich **tyrannische Züge und Großherzigkeit**: Er will, so kritisiert ihn der Derwisch, bei „Hunderttausenden die Menschen drücken" und gleichzeitig „Ein Menschenfreund an Einzeln scheinen" (V. 481 ff.). Dieses doppelbödige Verhalten zeugt auch deshalb eher von **Verantwortungslosigkeit**, weil sich der Sultan dadurch immer wieder in die beschämende Zwangslage bringt, sich Geld borgen zu müssen. Dabei geht es ihm allerdings um die Deckung seiner Staatskasse und nicht um privaten Luxus: „Ein Kleid, Ein Schwert, Ein Pferd, – und Einen Gott! / Was brauch ich mehr?" (V. 990 f.)

Unabhängig davon, dass damit keineswegs der Gipfel der Armut erreicht wäre, die in seinem Reich grassiert, zeugt diese Aussage von **Genügsamkeit und Bescheidenheit**. Relativiert wird sie durch eine frühere Einsicht des Sultans, in der er das „leidige, verwünschte Geld" als etwas beschreibt, „Was, wenn ich's habe, mir so überflüssig,/ Und hab ich's nicht, so unentbehrlich scheint" (V. 911 ff.). Mit anderen Worten: Auf Reichtum verzichten zu können, glaubt man nur, solange man reich ist. Es ist von daher zu bezweifeln, dass der Sultan seinen Gleichmut würde bewahrt haben, wenn sich sein Besitz eines Tages tatsächlich auf ein Kleid, ein Schwert und ein Pferd reduziert hätte.

Die finanziellen Sorgen des Sultans spielen auch insofern eine große Rolle, als sie die Begegnung mit Nathan – als potenziellem Kreditgeber – herbeiführen. Es zeugt von einer gewissen **Weltfremdheit Saladins**, dass er zum ersten Mal durch den Derwisch von Nathan erfährt und Sittah ihn über dessen Ruf ins

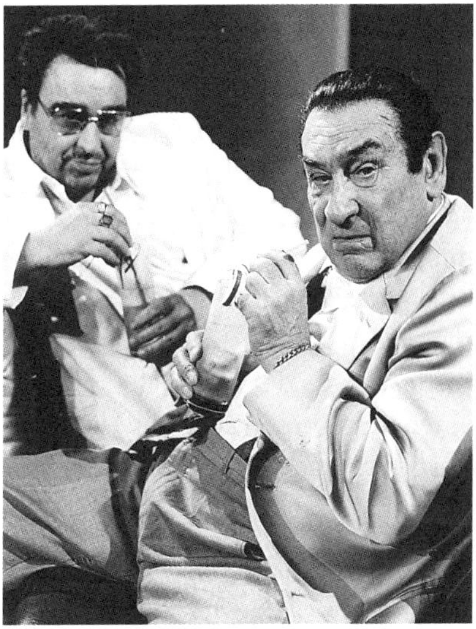

Sultan Saladin (Oliver Nägele) und Nathan (Rudolf Wessely). Inszenierung von Elmar Goerden im Residenz Theater des Bayerischen Staatsschauspiels München (2003). Foto: Thomas Dashuber

Bild setzen muss. Diese Weltfremdheit ist hier auch durchaus Indikator für eine sympathische Naivität, die mit Sittahs Informiertsein kontrastiert, das die Grundlage für skrupelloses, berechnendes Handeln bildet. Dass **Offenheit und Ehrlichkeit** zu Saladins herausragenden Wesenszügen gehören, ist auch insofern unverkennbar, als ihm äußerst unbehaglich bei der Vorstellung zumute ist, Nathan eine Falle zu stellen.

Besondere Beachtung verdient dabei der Umstand, dass Saladins finanzieller Beweggrund sich in der Form niederschlägt, in der er seine **Frage nach der richtigen Religion** stellt. Wie Nathan bemerkt, ist die Antwort für den Sultan eine Art Ware, die er einfordert: „als ob/ Die Wahrheit Münze wäre!" (V. 1868 f.) Indem Nathan dem Sultan die so genannte Ringparabel als Antwort präsentiert, führt er ihm vor Augen, wie relativ Wahrheit ist. Sie ist kein Besitztum, das man jemandem einfach abpressen kann, sondern unauflöslich verflochten mit der jeweiligen Lebenspraxis. Nur Gott hätte sozusagen einen objektiven Standpunkt, von dem aus die Wahrheit allgemein gültig zu erkennen wäre. Die Lektion, die Nathan dem Sultan erteilt, beschämt diesen zutiefst und lässt ihn seine eigene **Überheblichkeit und Unbedeutendheit** schmerzlich empfinden: „Ich Staub? Ich Nichts?" (V. 2056)

Weil er sich aber von Nathan nicht herablassend behandelt sieht, entwickelt Saladin freundschaftliche Gefühle für den Juden, den er zunächst als Untertan empfing. Nathan setzt Saladins gute Eigenschaften frei: Nach der Begegnung ist der Sultan mehr darauf bedacht, **Toleranz zu vermitteln** – insbesondere in Bezug auf den Tempelherrn. Mit ihm verfährt Saladin zum einen außerordentlich großzügig, indem er ihn von sämtlichen Verpflichtungen freispricht und nur den Wunsch äußert, ihn in seiner Nähe zu behalten: „Als Christ, als Muselmann: gleichviel!" (V. 2684); zum anderen zögert Saladin nicht, den Tempelherrn für seine judenfeindlichen Ausfälle zurechtzuweisen: „Sei ruhig, Christ!" (V. 2783)

Saladin betätigt sich schließlich nicht nur auf der politischen, sondern auch **auf der privaten Ebene als Friedensstifter**, indem er alle Konfliktparteien in seinen Palast bittet, um die Streitigkeiten zu schlichten. Er weist eine biologistische Definition von Vaterschaft zurück – „das Blut allein/ Macht lange noch den Vater nicht!" (V. 3662 f.) – und er integriert Nathan als

„Pflegevater" (V. 3744) in jenes familiäre Beziehungsgeflecht, das zum Schluss durch allseitige Umarmungen geknüpft wird. Mit der Figur des Sultans Saladin beschwört Lessing das **Ideal eines aufgeklärten Herrschers**, der seine Regierungsgeschäfte ebenso verantwortungsbewusst handhabt wie seine Privatangelegenheiten.

3 Motive und zentrale Aspekte

Die Epoche der Aufklärung

Die Handlung seines Stücks siedelte Lessing zwar im Jerusalem des Jahres 1192 zur Zeit der Kreuzzüge an, doch dieser orientalische Schauplatz sollte nicht dem Zweck dienen, die Vergangenheit nachzuzeichnen. Die zeitliche und räumliche Distanz erzeugt vielmehr eine **Verfremdung**: Vor einem historisch fernen Hintergrund können gesellschaftliche Themen der Gegenwart offener behandelt werden. Dadurch entsteht ein größerer Spielraum für Kritik an den Herrschenden – seien es geistliche oder weltliche. So wie die Figur des engstirnigen Patriarchen als Anspielung auf Lessings Zeitgenossen Goeze betrachtet werden kann (vgl. *Interpretationshilfe* S. 10 f.), so verweist der Sultan auf den **Typus des aufgeklärten absolutistischen Fürsten.** Deutschland war im 18. Jahrhundert in eine Vielzahl von zum Teil winzigen Fürstentümern aufgeteilt, von denen jedes einen eigenen Staat bildete. Einerseits prangert Lessing mit Saladins Verschwendungssucht indirekt den Machtmissbrauch dieser Fürsten an; andererseits entwirft er mit Saladins Friedenspolitik das Ideal eines aufgeklärten Herrschers.

Die Idee der Aufklärung schlägt sich im *Nathan* auf vielen Ebenen nieder – nicht nur, weil das Drama in der Epoche der Aufklärung entstand, sondern auch, weil sein Autor sich als Vertreter dieser tief greifenden gesamteuropäischen Bewegung begriff, die im ausgehenden 17. Jahrhundert einsetzte und im 18. ihren Höhepunkt erreichte. Aber was ist Aufklärung? Diese Frage beantwortet der Philosoph Immanuel Kant 1784, drei Jahre nach Lessings Tod, mit einer berühmt gewordenen **Definition**:

> *Aufklärung ist der Ausgang des Menschen aus seiner selbstverschuldeten Unmündigkeit. Unmündigkeit ist das Unvermögen, sich seines Verstandes ohne Leitung eines anderen zu bedienen. Selbstverschuldet ist diese Unmündigkeit, wenn die Ursache derselben nicht am Mangel des Verstandes, sondern der Entschließung und des Mutes liegt, sich seiner ohne Leitung eines anderen zu bedienen.*[3]

Diese Begriffsbestimmung kommt einem Appell gleich, denn ihr wohnt die Vorstellung inne, dass ein Großteil der Menschen nur aus Bequemlichkeit in einem Zustand der Abhängigkeit verharrt, den es mithilfe selbstständigen Denkens abzustreifen gilt. Kant postuliert hier die **Autonomie des Subjekts**: die Fähigkeit jedes Einzelnen, sich selbst die Gesetze seiner Existenz zu geben und so ein selbstbestimmtes Leben zu führen. Der Appell richtet sich vor allem an das aufstrebende **Bürgertum**, das als Träger einer neuen, gerechteren Gesellschaftsordnung gesehen wird, die sich statt auf die Vorherrschaft des Adels auf **Vernunft** gründet.

Schon der Begriff Aufklärung (frz. *lumières*, engl. *enlightenment*) verheißt einen Fortschritt, indem er eine Bewegung aus der Dunkelheit **hin zu Helligkeit und Klarheit** impliziert; das Mittelalter bezeichnen wir beispielsweise mithilfe derselben Metaphorik oft abwertend als „finster“. Bereits auf dieser ganz grundsätzlichen Ebene ist *Nathan der Weise* ein Drama der Aufklärung, denn im Verlauf der Handlung gelangen Verwandtschaftsbeziehungen ans Licht, und die Figuren gewinnen mehr Klarheit über die Beweggründe ihres Handelns. Inwiefern das Stück darüber hinaus zentrale Themen der Aufklärungsepoche aufgreift, wird im Folgenden ausgeführt.

Menschsein und Gleichheit

Dass Lessings *Nathan der Weise* zu Recht als Inbegriff des Dramas der Aufklärung gilt, wird unmittelbar an seiner Titelfigur deutlich, die das entsprechende Menschenbild gleich in mehrfacher Hinsicht verkörpert. Zum einen ist Nathan als ein Mann gestaltet, der sich durch **vernünftiges**, **selbstverantwortliches Handeln** auszeichnet: Der Schmerz über die Ermordung seiner Familie hat ihn zu moralischer Stärke geführt; seine Gefühle – etwa die Angst vor dem Verlust Rechas – vermag er so zu kontrollieren, dass sie ihn nicht zu unüberlegtem Tun veranlassen. Zum anderen treibt ihn – beispielsweise bei der Ergründung des Geheimnisses um die Identitäten Rechas und des Tempelherrn – jener unbeugsame **Wille zur Wahrheit** an, der schließlich auch zur Entstehung der modernen Naturwissenschaften im Gefolge der Aufklärung beitrug. Des Weiteren wird Nathan nicht müde, sich als Erzieher zu betätigen, und veranschaulicht dadurch die immense Bedeutung, welche die Aufklärung der **Erziehung** als Weg zur Hervorbringung des allseitig gebildeten Menschen beimaß: Recha führt er vor Augen, dass ihr schwärmerischer Glaube, von einem Engel gerettet worden zu sein, von Stolz und Bequemlichkeit zeugt; den Tempelherrn konfrontiert er mit dessen Vorurteilen und Saladin verhilft er zu der Einsicht, aus Überheblichkeit die Frage nach der wahren Religion gestellt zu haben.

Nathans pädagogischen Anstrengungen liegt folglich **das positive Menschenbild der Aufklärung** zugrunde. Der Schlüsselbegriff „Mensch“ taucht im Stück häufig auf und wird mit positiver Bedeutung aufgeladen. Der Erfolg von Nathans erzieherischem Eingreifen basiert letztlich auf seiner Überzeugung, dass alle Menschen miteinander auskommen können – wenn sie **das Menschsein** als vorrangig gegenüber Unterschieden wie der Religionszugehörigkeit oder der ethnischen Herkunft erachten. Besonders deutlich bringt Nathan diese Auffassung gegenüber dem mit seiner Judenfeindlichkeit ringenden Tempelherrn zum Ausdruck: „Ah! wenn ich einen mehr in Euch/ Gefunden hätte, dem es g'nügt, ein Mensch/ Zu heißen!" (V 1311 ff.) Der Tempelherr greift diese Äußerung in einer späteren Szene wieder auf, als er Nathan unterstellt, keinen Christen zum Schwiegersohn zu wollen: „Begnügt Euch doch ein Mensch zu sein! – Stoßt mich/ Nicht von Euch!" (V. 2183 f.) In dieselbe Richtung weist Sittahs Vorbehalt gegenüber den Christen: „Ihr Stolz ist: Christen sein; nicht Menschen." (V. 868) Einer bestimmten **Religion** anzugehören oder sich durch die **ethnische Herkunft** „An Farb', an Kleidung, an Gestalt" (V. 1276) von anderen zu unterscheiden – beides wird als **Äußerlichkeit und Nebensächlichkeit** bestimmt. Maßgebend ist stattdessen der gemeinsame Kern unter der verschiedengestaltigen „Rinde" (V. 2688): ein Mensch zu sein.

Selbst wenn der Begriff im Stück nicht vorkommt, so ist mit der Vorstellung, von bestimmten individuellen Unterschieden zugunsten der Anerkennung von Gemeinsamkeit abzusehen, letztlich die **Idee der Gleichheit aller Menschen** aufgerufen, die im Zuge der europäischen Aufklärung herausragende Bedeutung für die Emanzipation des Bürgertums erlangte und bis heute die Grundlage der Menschenrechte bildet.

Freiheit, Gleichheit und Brüderlichkeit – so lauteten, zur Parole verdichtet, die in der Französischen Revolution (1789–1799) vertretenen Werte, mit denen die feudale Ständegesellschaft abgeschafft werden sollte. Es ist kein Zufall, dass der Begriff „Brüderlichkeit" (frz. *fraternité*) sich ausschließlich auf Männer bezieht, denn den **Frauen** wurden im Zuge der Entstehung der bürgerlichen Gesellschaft nicht dieselben Rechte als Staatsbürgerinnen zuerkannt; sie wurden **aus der öffentlichen Sphäre ausgegrenzt** und vorwiegend auf häusliche Rollen wie Mutter, Hausfrau und Gattin festgelegt.

Wie vertrug sich diese Hierarchie der Geschlechter mit der Idee der Gleichheit? Zwar wurde nicht explizit behauptet, dass

Frauen keine Menschen seien. Aber der Geschlechtsunterschied wurde mithilfe biologistischer Erklärungsmuster als eine „‚qualitative' Differenz"[4] interpretiert, das heißt als eine **natürliche Wesensverschiedenheit**, bedeutsamer als die gemeinsame Zugehörigkeit zur Gattung Mensch. Genauer gesagt: **Weiblichkeit** galt als eine Eigenschaft, die **eine Gleichheit von Männern und Frauen verhindert** – weil Weiblichkeit mit Naturhaftigkeit und Unvernunft gleichgesetzt wurde. Der **Mann** verkörperte als **Gattungswesen die Norm** des Menschseins, die **Frau** hingegen als **Geschlechtswesen** die **Abweichung**: „Der Mann ist nur in gewissen Augenblicken Mann, die Frau aber ihr ganzes Leben lang Frau",[5] schreibt der französische Philosoph Jean-Jacques Rousseau 1762 in seinem epochalen pädagogischen Werk *Emile*.

Die Ideologie eines natürlichen Geschlechtsunterschieds hat auch im *Nathan* Spuren hinterlassen: Auffälligerweise ereignet sich die im Horizont der Gleichheitsidee stehende wechselseitige Anerkennung „als Mensch" im Stück nur in Form einer **Verbrüderung**. Nur zwischen Männern – insbesondere zwischen Nathan und dem Tempelherrn beziehungsweise ihm und dem Sultan – münden Meinungsverschiedenheiten schließlich in einen Freundschaftsbund unter Menschen. Weder legen Recha und Daja ihre weltanschaulichen Differenzen durch eine einvernehmliche Bezugnahme auf ihr Menschsein bei; noch versucht Nathan, Daja durch eine solche Gesprächsstrategie von ihrer schwärmerischen Religiosität abzubringen – er zieht es vor, sich durch Geschenke ihr Schweigen zu erkaufen. Und Sittah und Recha erkennen einander zwar als „Freundin" und „Schwester" an, aber ohne Bezugnahme auf ein verbindendes Menschsein (V, 6).

Dazu passt, dass im Stück des Öfteren die Begriffe **Mensch und Mann in eins gesetzt** werden:[6] Zunächst spricht Nathan beispielsweise gegenüber dem Tempelherrn noch geschlechtsneutral davon, dass „alle Länder gute Menschen tragen" (V. 1274), aber schon kurz darauf konkretisiert er dies folgendermaßen: „Der große Mann braucht überall viel Boden." (V. 1279) In der Szene mit dem Sultan vollzieht sich eine ähnliche **Verschiebung und Ersetzung**: Nathan spricht zunächst allgemein von jenen, „die / Von Kindheit an uns Proben ihrer Liebe / Gegeben" (V. 1981 ff.), wechselt dann unvermittelt zu den „Vätern", als sei dieser Ausdruck ein Synonym, und gebraucht danach wieder das neutrale Wort „Vorfahren". Mütter kommen in dieser Rede nicht explizit als Vermittlerinnen kulturellen Erbes vor.

Es kann nicht darum gehen, für diese Sinngehalte den Autor Lessing zu kritisieren, sondern zu zeigen, wie sein Text Frauen und Männer in unterschiedlicher Weise als Menschen entwirft und so ein **hierarchisches Geschlechterverhältnis reproduziert**, das sich mit dem Voranschreiten der Aufklärung gesamtgesellschaftlich etabliert hatte. Dem Stück kommt insofern das Verdienst zu, uns einen Einblick in die „ambivalente Dynamik des modernen Gleichheitsdiskurses"[7], sein Schwanken zwischen Anerkennung und Diskriminierung, zu gewähren.

Der Motivbereich „Hitze und Kälte"

Wie bereits gezeigt, hat Lessing seine Figuren als vielschichtige Charaktere angelegt, in denen **Gefühl und Verstand**, Rationalität und Emotionalität, aufeinander treffen (vgl. Schaubild S. 34). Erkennbar wird dies vor allem an dem Motivbereich „Hitze und Kälte"; er veranschaulicht das ganze Stück hindurch die Bandbreite der Empfindungen.

Hitze wird mit **unkontrollierbaren Gefühlsaufwallungen**, mit Unvernunft, Brutalität, Aggressivität und Verblendung gleichgesetzt: Nathans Familie hat bei einem Pogrom „verbrennen müssen" (V. 3045); Recha wäre, wie in der Eingangsszene insgesamt fünfmal erwähnt wird, beinahe „verbrannt", und bevor Nathan sie von ihrer Engel-Schwärmerei abbrachte, malte „Feuer ihre Phantasie" (V. 66). Der Tempelherr behauptet, er „brenne vor Verlangen“ (V. 1323), und stellt reumütig fest, dass „Ein einz’ger Funken dieser Leidenschaft/ Doch unsers Hirns so viel verbrennen kann! –“ (V. 3282 f.) und das Misstrauen gegenüber Nathan sein „Blut in allen Adern sieden machte“ (V. 3376); der Patriarch schließlich beweist seinen Fanatismus, indem er dreimal Nathans Tod fordert: „Tut nichts! der Jude wird verbrannt.“ (V. 2546, 2553, 2558 f.).

Aber auch das andere Extrem, die **Kälte**, ist mit negativen Bedeutungen belegt, denn sie wird mit einer menschenverachtenden **Arroganz** und mit **Unsensibilität** verknüpft: Nathan und Recha wenden sich gegen die „kalte Buchgelehrsamkeit, die sich/ Mit toten Zeichen ins Gehirn nur drückt“ (V. 3534 f.). „Kalt und ungerührt“ (V. 105) verhält sich der Tempelherr nach der Rettung Rechas; Al-Hafis Vorgänger im Schatzmeisteramt war „zu kalt,/ Zu rauh“ (V. 464 f.), weil er kleinlich abwägte, wem er Almosen zukommen ließ; und Sittahs berechnende Haltung wird als „Kalte, ruhige Vernunft“ (V. 3564) beschrieben.

Als **Ideal** wird **Wärme** eingeführt, die eine wohltemperierte Ausgewogenheit von Gefühl und Verstand anzeigt: Recha lässt sich in Bezug auf den Tempelherrn von Daja weder einen „heiße[n] Hunger“ (V. 1726) einreden, noch Kälte unterstellen: „Ich bin nicht kalt. Ich sehe wahrlich/ Nicht minder gern, was ich mit Ruhe sehe.“ (V. 1730 f.) Und schon vor ihrer ersten Begegnung mit dem Tempelherrn ist Rechas Haltung ihm gegenüber nicht von romantischer Liebe, sondern lediglich von starker Zuneigung geprägt: Ihn zu sehen ist ihrer „Wünsche wärmster, innigster“ (V. 1529). Was Recha empfindet, erweist sich angesichts der Tatsache, dass der Tempelherr ihr Bruder ist, als intuitives Wissen um vernünftige und angemessene Emotionen.

Mit dem Motivbereich „Hitze und Kälte“ wird eine Vernunft zum Vorbild erhoben, die um ihr Angewiesensein auf Gefühle, um den Widerstreit zwischen Rationalität und Emotionalität weiß. Damit schlägt sich im Stück die **Strömung der Empfind-**

samkeit nieder, die in der zweiten Hälfte des 18. Jahrhunderts die Vorstellung vom rein rationalen Menschen relativierte.

Religion als Praxis der Humanität

Die Religion wird in *Nathan der Weise* zu einer Angelegenheit erklärt, die zugunsten einer friedlichen Koexistenz aller Völker **nicht missionarisch** vertreten, sondern in Form von **praktischer Nächstenliebe** ausgeübt werden soll. Dieser Gedanke wird insbesondere durch die Ringparabel-Szene in den Vordergrund gestellt: Dort erscheint das Nebeneinander verschiedener Religionen als gottgewollte Vielfalt, die die Menschen zu einem Wettstreit der guten Taten anzuspornen vermag (vgl. *Interpretationshilfe* S. 76 ff.).

Worin die Unterschiede zwischen Christentum, Judentum und Islam bestehen, wird im Stück nicht ausgeführt. Nathan leugnet zwar Saladin gegenüber nicht, dass sich diese drei Religionen, „Bis auf die Kleidung, bis auf Speis und Trank" (V. 1973) voneinander unterscheiden, aber er hält diese Differenzen für nichtig, weil sich alle drei auf „Geschichte" (V. 1975) gründen. Mit dem Verweis auf die **Historizität der Religionen** wird ihr absoluter Wahrheitsanspruch entkräftet: Wir sehen die eigene Religion nur deshalb als selbstverständlich und richtig an, weil sie in der Kultur, in der wir aufgewachsen sind, historisch verankert ist und von Generation zu Generation überliefert wird. Diese Voreingenommenheit für das Eigene ist uns häufig nicht bewusst – sodass derjenige, der sich „noch so unparteiisch glaubt", nur seiner eigenen Religion „die Stange" hält (V. 2436 ff.), wie der Tempelherr hellsichtig bemerkt.

Nathan geht jedoch nicht so weit, auch die Existenz Gottes für kulturell hervorgebracht zu erklären und dem Atheismus (Verneinung der Existenz Gottes) das Wort zu reden. Das Stück tritt nicht für die Abschaffung der Religionen ein. Vielmehr verficht es die Vorstellung, dass es zwar keine einzig wahre Religion

Sittah (Ursula Grossenbacher) und Nathan (Stefan Viering). Inszenierung von Donald Berkenhoff im Badischen Staatstheater Karlsruhe (2001). Foto: Simone Manthey

gibt, wohl aber wahre Religion in Form einer unverzichtbar **religiös verankerten Humanität**.

In der Ringparabel-Szene wird die Idee einer religionsübergreifenden Humanität abstrakt verteidigt – und zwar so geschickt, dass der Sultan sogleich dafür eingenommen ist und Nathans Freundschaft gewinnen will. Demgegenüber veranschaulichen die anderen Szenen des Stücks die Schwierigkeiten, die mit der **konkreten Umsetzung** dieser Idee verbunden sind.

Denn die religiös verankerte Humanität setzt ein unerschütterliches Vertrauen in Gott voraus. Nathans Beispiel zeigt, dass der Mensch aber unter dem Eindruck von Leid geneigt ist, an Gott zu zweifeln (V. 3038 ff.). Lessing greift damit das Problem der **Theodizee** (griech.: Gottgerechtigkeit) auf, das der Philosoph Gottfried Wilhelm Leibniz im 17. Jahrhundert zu lösen suchte: Wie lässt sich Gott rechtfertigen angesichts des Bösen, das trotz seiner Allmacht und Güte in der Welt geschieht? Nathan gibt darauf eine Antwort im Sinne von Leibniz, als er die Überwindung seiner Krise letztlich Gott anheim stellt: „ich will! / Willst du nur, dass ich will!" (V. 3058 f.) So bringt er zum Ausdruck, dass nur Gott dem Menschen die Kraft zu gutem Handeln geben kann. Er akzeptiert, dass sich die Allmacht Gottes auch in entsetzlichen Vorfällen wie Mord äußert und der Mensch angesichts dieser Allmacht sich nicht seinem vermeintlichen Schicksal überlassen darf, sondern aufgerufen ist, das Gute anzustreben. Denn die göttliche Vorsehung ist auf das Mittun der Menschen angewiesen. In einer solchen Welt **hat auch das Schlechte eine Funktion**: „Dank sei dem Patriarchen …" (V. 3449), sagt Nathan und erkennt damit an, dass das Kirchenoberhaupt durch seine Nachforschungen unfreiwillig zur Enträtselung der Verwandtschaftsverhältnisse beigetragen hat.

Der Glaube daran, dass nichts auf der Welt ohne den Willen Gottes geschieht, ist es auch, der Nathan Rechas Engel-Schwärmerei verurteilen lässt: Er wendet sich gegen einen unvernünftigen Glauben, der Gott nur in übersinnlichen **Wundern** ausfindig machen kann, während die „wahren, echten Wunder so / Alltäglich werden können" (V. 218 f.), dass wir sie lediglich als Zufälle wahrnehmen. Die Allgegenwärtigkeit Gottes unterstreicht Nathan sogar mit einem Scherz: „Er? Er? – Wann läßt sich *der* nicht sehn!" (V. 508)

Ein weiteres Hindernis, das sich der religiösen Humanität in den Weg stellt, ist der **Fanatismus**. Bereits die historische Folie der Kreuzzüge, mit der Lessing sein Stück hinterlegt hat, gemahnt an die verheerenden Auswirkungen des religiösen Wahns. Vor allem das Christentum wird dabei eines kompromisslosen Kampfs um die Vorherrschaft der eigenen Glaubensrichtung beschuldigt. Denn während das Judentum in Nathan einen edelmütigen Vertreter aufweist und die drei muslimischen Gestalten Sittah, Saladin und der Derwisch als vergleichsweise friedliebend entworfen werden, wird das **Christentum** durch Figuren repräsentiert, die **sämtliche Schattierungen der Verbohrtheit** veranschaulichen: Daja „muss aus Liebe quälen“ (V. 3586), sie verkörpert den sentimental-wahnhaften religiösen Eifer, der Scha-

Daja (Barbara Melzl) und Recha (Marina Galic). Inszenierung von Elmar Goerden im Residenz Theater des Bayerischen Staatsschauspiels München (2003). Foto: Thomas Dashuber

den anrichtet, wo er nützen will; der Tempelherr ist für seine Religion in den Krieg gezogen und hegt tief sitzende Vorurteile gegenüber dem Judentum; der Patriarch wiederum hat die Rolle des engstirnigen, intriganten Kriegstreibers inne, der die Kirche als ein Instrument der Machtpolitik begreift und Vernunft daher nur dort für angemessen hält, wo sie dem „Heil der Kirche“ (V. 2484) nützt. Einzig und allein der Klosterbruder verleiht dem Christentum ein menschenfreundliches Antlitz.

Dass Lessing seine Religionskritik auf die **christliche Orthodoxie** konzentrierte, hängt mit der Rolle zusammen, welche die Kirche in seinem eigenen Zeitalter spielte: Sie forderte von den

Gläubigen weiterhin ungebrochen jene **blinde Unterwerfung** ein, die einem aufgeklärten Verständnis des Menschen zuwiderlief, und suchte die öffentliche Erörterung von Glaubensfragen zu unterbinden.

Plädoyer für Toleranz

Ursprünglich hatte Lessing vorgehabt, das Stück komödiantisch mit einer **Doppelhochzeit** enden zu lassen: Recha sollte Saladin, und der Tempelherr sollte Sittah heiraten. Andeutungen dieses Plans finden sich noch darin, dass Daja sich Sorgen macht, Recha könnte auch dem Sultan „nicht übel" (V. 3142) gefallen, und Sittah erpicht darauf ist, den Tempelherrn kennen zu lernen, weil sie „von gewissen Männern" „so bald wie möglich" wissen will, „was/ Sie für ein Mädchen lieben können" (V. 2850 ff.). Aber letztlich ist Lessing von dieser Wendung der Ereignisse abgekommen, um stattdessen die **familiale Solidarität** in den Mittelpunkt zu stellen. Sie eignet sich weitaus besser als die romantische Liebe zur Grundlage für eine **Utopie des friedlichen menschlichen Miteinanders**, weil sie beständiger ist und nicht nur Paarbeziehungen stiftet, sondern ein ganzes Netz von Bindungen. Der süße „Wahn,/ In dem sich Jud' und Christ und Muselmann/ Vereinigen" (S. 151 ff.), wird in der Schlussszene Realität, als die Figuren erkennen, dass sie zur selben Familie gehören. Aber auch Nathan bleibt trotz mangelnder Blutsverwandtschaft kein Außenseiter: Der Tempelherr und Recha erkennen ihn als ihren sozialen Vater an.

Voraussetzung für diesen Schluss, der über die konkrete Situation ins Allgemein-Utopische hinausweist, ist eine Haltung der **Toleranz**. Das Wort selbst taucht im Stück nur einmal auf: „Der tolerante Schwätzer ist entdeckt!" (V. 2779), frohlockt der Tempelherr in Bezug auf Nathan und offenbart damit, wie sehr ihn dessen Haltung der Toleranz in seinem Selbstbild bedroht. Denn Toleranz, wie Nathan sie vertritt, geht einher mit einer **Relati-**

vierung des eigenen Standpunkts, mit der Bereitschaft, die eigenen Ansichten zu hinterfragen. *Nathan der Weise* plädiert dafür, bei der Begegnung mit Andersgläubigen jene Anteile der eigenen Identität hintanzustellen, die einer Besinnung auf das verbindende Menschsein entgegenstehen. Es gilt, über die trennenden Unterschiede hinwegzusehen und die Gemeinsamkeiten in den Blick zu nehmen: das heißt vor allem die gemeinsame Orientierung der Religionen an der Nächstenliebe.

Mit der Suche nach als gemeinsam unterstellten Werten ist zweifellos eine **aktive Form der Toleranz** verknüpft: Toleranz bleibt nicht darauf beschränkt, Andersdenkende lediglich zu dulden oder mit Nachsicht zu behandeln. Einer solchen, an Gleichgültigkeit grenzenden Haltung wohnt nämlich allzu oft derselbe Absolutheitsanspruch inne, der auch Intoleranz hervorbringt: Wenn ich mich im Besitz der Wahrheit dünke, kann ich die anderen gewähren lassen. Die Form der Toleranz, die *Nathan der Weise* hochhält, schließt **Respekt gegenüber dem Anderen** ein: Es geht um eine Verständigung über gemeinsame, jenseits der Andersheit liegende Werte, auf deren Grundlage trotz der Unterschiede ein friedliches Miteinander möglich wird.

Dabei besteht die Gefahr, und dies wird im Text nicht thematisiert, das Fremde vorschnell auf Bekanntes, Eigenes zu reduzieren und es zu vereinnahmen. Die sich in einer bestimmten Kleidung manifestierende religiöse Orientierung kann so als Äußerlichkeit erscheinen, unter der sich Vertrautes auffinden lässt: „Ich habe nie verlangt, / Dass allen Bäumen Eine Rinde wachse“ (V. 2687 f.), eröffnet Saladin dem Tempelherrn. Unausgesprochen vorausgesetzt wird durch diese Perspektive die **Existenz universal gültiger Werte**, auf deren Boden sich alle Menschen vorbehaltlos begegnen können; außer Acht gelassen wird die Frage, wer die Macht hat, diese allgemeinen Werte festzulegen.

Aus dem Plädoyer für Toleranz ergeben sich Bedingungen für die **Grenzen der Toleranz**: Da Toleranz sich als förderlich für ein friedliches Miteinander erweisen soll, muss sie jenen gegenüber verweigert werden, die für Fanatismus, Dogmatismus und Intoleranz einstehen. Nathan toleriert daher die Vorurteile des Tempelherrn nicht, sondern versucht, ihn davon abzubringen. Daja und der Patriarch hingegen werden als derart verblendet charakterisiert, dass es sinnlos erscheint, sie zu bekehren: Ihnen ist nur beizukommen durch Bestechung oder Täuschung. Auffälligerweise beziehen sich Daja und der Patriarch im Gegensatz zum Tempelherrn nicht auf das Menschsein als gemeinsamen Wert und begreifen ihre Religiosität als wesentlichen Teil ihrer Identität.

Das Drama ist folglich von der Tendenz geprägt, jene Individuen aus der **Gemeinschaft der vernünftigen Menschen** auszuschließen, die von ihrer Religion nicht abstrahieren können.[8] Auch der Klosterbruder Bonafides bildet nur bedingt eine Ausnahme. Zwar mündet sein Dialog mit Nathan in eine Verbrüderung, obwohl er Nathan seine Wertschätzung in Worten darbringt, die dem Wertesystem seiner eigenen Religion verhaftet bleiben: „Bei Gott, Ihr seid ein Christ!“ (V. 3067) Allerdings fällt Bonafides wegen seiner Einfältigkeit in gewisser Weise doch aus der Gemeinschaft der vernünftigen Menschen heraus. Und bezeichnenderweise korrigiert Nathan den Ausruf des Klosterbruders so, dass wieder die Bezugnahme auf ein Gemeinsames aufscheint: „Denn was / Mich Euch zum Christen macht, das macht Euch mir / Zum Juden!“ (V. 3068 ff.).

4 Form des Dramas – Verbindung von Komödie und Tragödie

Lessing hat seinem Stück den Untertitel „Dramatisches Gedicht“ beigegeben. Wollte er mit diesem Brückenschlag zur Lyrik andeuten, dass sein Text hochsymbolisch ist und sich eher für die Lektüre als für die Bühne eignet? Dazu würde passen, dass Lessing nachweislich an der **Aufführbarkeit seines Stücks** zweifelte, wie ein Brief an seinen Bruder Karl vom 18. April 1779 dokumentiert:

> *Es kann wohl sein, daß mein Nathan im Ganzen wenig Wirkung tun würde, wenn er auf das Theater käme, was wohl nie geschehen wird. Genug, wenn er sich mit Interesse nur lieset, und unter tausend Lesern nur Einer daraus an der Evidenz und Allgemeinheit seiner Religion zweifeln lernt.*

Bezog sich diese Skepsis vorrangig auf den didaktischen (lehrhaften) Charakter des *Nathan*, in dem komplexe Ideen wie Toleranz und Humanität vermittelt werden sollten?

Vermutlich bediente sich Lessing der Bezeichnung „Dramatisches Gedicht“, um sich einer gattungsspezifischen Kategorisierung zu entziehen: Sein Drama ist **weder eine Tragödie noch eine Komödie** und dadurch im Grenzbereich zwischen Trauer- und Lustspiel angesiedelt. Mit anderen Worten: Im *Nathan* liegt eine **Mischform** vor, da hier tragödien- und komödienhafte Elemente unauflöslich miteinander verknüpft sind. Auf der einen Seite vollzieht sich das Bühnengeschehen vor dem Hintergrund eines bedrohlichen Religionskrieges und es werden gewichtige **Themen** wie Judenverfolgung, Fanatismus, Humanität und Toleranz sowohl abstrakt diskutiert als auch in ihren konkreten Auswirkungen – man denke an die Ermordung von Nathans Familie – geschildert. Auf der anderen Seite strebt die Handlung einem **harmonischen Schluss** zu, und lustige Auftritte – vor allem die des Klosterbruders – sorgen ebenso für eine

heitere Stimmung wie scherzhafte Wortwechsel oder Situationskomik, etwa als Nathan Al-Hafi wegen seiner schachspielerischen Fertigkeiten aufzieht (V. 1462 ff.) oder Recha den Tempelherrn neckt (III, 2).

Die Mischform des *Nathan* führt nicht zu Uneinheitlichkeit. Im Gegenteil: Mit der Verbindung von tragödien- und komödienhaften Anteilen wird eine **Kontrastwirkung** erzielt, die das Dargestellte eindrücklicher macht und Pathos verhindert. In seinen *Abhandlungen von dem weinerlichen oder rührenden Lustspiele* (Theatralische Bibliothek, 1. Stück, 1754) wendet sich Lessing ausdrücklich gegen die rührende Komödie und entwirft die wahre Komödie als Vereinigung des Ernsten und des Lächerlichen, weil nur sie das Leben abzubilden vermöge.

Der Anspruch auf Abbildung des Lebens ergibt sich aus Lessings dramentheoretisch begründeter Intention, das Publikum zur Identifikation mit den Bühnenfiguren anzuregen. Denn Lessing begreift die **Identifikation** als Voraussetzung für das erzieherische Potenzial des Theaters: Nur wenn die Zuschauerinnen und Zuschauer sich ins Bühnengeschehen einfühlen – nur wenn sie zum Beispiel mit Nathan bangen oder triumphieren –, ist **Karthasis** (Reinigung) möglich.

Der bereits erwähnte griechische Philosoph Aristoteles bestimmt in seiner *Poetik* die Wirkung der Tragödie als Erregung von **Mitleid und Furcht**, die zu einer Reinigung von diesen Affekten führt – eine knappe, schwer zu übersetzende Definition, die zu vielerlei Auslegungen Anlass bot. Lessings Karthasis-Begriff setzt einen eindeutig aufklärerischen Akzent: In seiner *Hamburgischen Dramaturgie* wird Karthasis in erster Linie als **tugendförderliche Sensibilisierung** gefasst. Während das „Mitleid" auf den Helden des Dramas gerichtet sei, empfänden wir „Furcht" für uns selbst – also Angst davor, das dargestellte Unglück könnte uns selbst zustoßen. Diese Furcht, so Lessings optimistische Vorstellung, überdauert den Theaterbesuch und steigert wiederum unsere **Fähigkeit zur Einfühlung** in den anderen, zum Mitleiden, und daher unsere Neigung zur Tugendhaftigkeit: „Der mitleidigste Mensch ist der beste Mensch", schreibt Lessing 1756 in einem Brief an den Verleger Nicolai. Vorausgesetzt wird dabei, dass, wer sich in andere hineinzuversetzen vermag, ihnen kein Leid zufügt.

Doch wie verträgt es sich mit der Erregung von Mitleid und Furcht, dass *Nathan der Weise* glücklich endet? Das Stück ist so gestaltet, dass der Ansporn zu sittlichem Verhalten geradezu aus dem Fehlen eines tragischen Endes erwächst, denn damit wird dem Publikum die **Wirksamkeit guter Taten** vorgeführt, woraus sich der Appell ergibt, den Bühnenfiguren in ihrem Streben nach Humanität und Nächstenliebe nachzueifern.

Ein weiteres Merkmal des Stücks ist die **Verletzung der Ständeklausel**: Der aufklärerische Theaterreformer Gottsched hatte die Regel formuliert, Tragödien sollten in einer gehobenen Sprache die Schicksale von Königen und anderen hochstehenden Personen behandeln, während Komödien sich in Prosa mit dem Bürgertum zu befassen hätten. Lessing hingegen lässt in seinen Stücken – *Nathan der Weise* bildet da keine Ausnahme – Vertreter beider Gruppen gemeinsam auftreten, da es ihm vor allem darum geht, das hervorzuheben, was alle Menschen verbindet: Ungeachtet ihres sozialen Status sind die Handelnden in der Lage, Leid zu erfahren und daher Mitleid zu erwecken.

Dafür ist es notwendig, wie Lessing in seiner *Hamburgischen Dramaturgie* ausführt, so genannte **gemischte Charaktere** zu entwickeln. Denn weder ein durch und durch guter noch ein gänzlich böser Charakter wirkt plausibel. Doch wie verhält es sich damit im *Nathan*? Liegen mit Nathan und dem Patriarchen nicht zwei allzu einseitig gezeichnete Gegenspieler vor? Für Nathan trifft dies nicht zu, da wir auch erfahren, dass er in der Vergangenheit beinahe aggressiven Impulsen erlag; den Patriarchen jedoch hat Lessing zwar mit einleuchtenden Beweggründen, aber nicht mit löblichen Eigenschaften ausgestattet – selbst sein Krankenbesuch, den der Tempelherr am Rand miterlebt, erscheint als berechnend-eitle Demonstration von Güte und pompöser Macht. Die Figur des Patriarchen hat nicht sowohl Stärken wie Schwächen; vielmehr gewinnt hier Lessings **Vorhaben**, dem Publikum insbesondere die fatalen Folgen der christlichen Intoleranz vor Augen zu führen, die Oberhand. Indem Lessing ausgerechnet dem Patriarchen eine theaterfeindliche Äußerung in den Mund legt – dieser beurteilt es verächtlich als Ort nutzlosen Räsonnements, wo „pro / Et contra sich mit vielem Beifall könnte / behandeln lassen" (V. 2523 ff.) –, wird das Theater indirekt als Institution bestimmt, mit der sich an der Kirche und anderen Obrigkeiten erfolgreich Kritik üben lässt.

5 Sprachliche und stilistische Besonderheiten

Die hervorstechendste sprachliche Eigenart des Stücks ist sein Versmaß: Lessings *Nathan der Weise* ist im so genannten **Blankvers** (engl. *blank*: rein) verfasst, einem ungereimten, fünfhebigen Jambus. In den ersten beiden Versen ist er beispielsweise folgendermaßen umgesetzt: „Er íst es! Náthan! – Gótt sei éwig Dánk, / Dass íhr doch éndlich éinmal wíederkómmt." In diesem Fall schließt das zehnsilbige **Metrum mit alternierender Hebung und Senkung** mit einer Hebung. Ebenso gut kann der Vers stattdessen mit einer unbetonten Silbe, einer Senkung, enden: „Ja, Dája; Gótt sei Dánk! Doch wárum *éndlich*?" (V. 3) Gemeinsam ist den beiden Zitaten, dass das Ende eines Satzes jeweils mit dem Ende der Zeile zusammenfällt und daher die syntaktische Einheit mit der metrischen parallel verläuft – im *Nathan* keinesfalls die Regel. Denn Lessings Stil ist hier geprägt von **Enjambements**; das heißt, Sätze werden, um einen leiernden Rhythmus zu vermeiden, über mehrere Zeilen geführt:

„Und Schulden einkassieren, ist gewiss/ Auch kein Geschäft, das merklich födert, das/ So von der Hand sich schlagen lässt." (V. 9 ff.) Abgesehen davon ist Lessings Blankvers in auffälliger Weise gekennzeichnet durch Unterbrechungen, Einschübe und Sprecherwechsel mitten im Vers sowie Akzentuierungen in Form von Betonungsverschiebungen.

Wie Lessing am 7. Dezember 1778 in einem Brief an seinen Bruder Karl schreibt, sind diese metrischen Abweichungen als Stilmittel angelegt: „Ich dächte, meine Verse wären viel schlechter, wenn sie viel besser wären." In der Tat verstärkt Lessing mithilfe seiner **Variationen des Blankverses** dessen Vorzug: trotz einer metrischen Gebundenheit, die eine Distanz zur Alltagssprache schafft, einen Sprachfluss zu erzeugen, der nahe an eine natürlich wirkende, lebendige Prosa heranreicht – und so die Identifikation der Zuschauerinnen und Zuschauer mit den Bühnenfiguren fördert.

Lessings freier Umgang mit dem Blankvers wurde dadurch begünstigt, dass dieses Metrum damals im deutschen Drama noch über **keine feste Tradition** verfügte: Während es in England durch Shakespeares Stücke bereits weitgehend etabliert war, wurde es auf der deutschen Bühne erstmals in Wielands *Lady Johanna Gray* (1758) verwendet. Aber erst durch Lessing wurde der Blankvers zum meistverwendeten Metrum im deutschen Drama.

Dass Lessing sich beim *Nathan* für den Blankvers entschied, steht in engem Zusammenhang mit der **Dialogizität** des Stücks: Gehandelt wird vornehmlich in Dialogen. Je nachdem, welche Gesprächspartner aufeinander treffen, herrscht ein freundschaftlich-offener, ein pädagogischer oder ein feindseliger Tonfall vor. Gegenüber ruhigeren Dialogsequenzen überwiegen jene Passagen, die einen temporeichen, von Schlagfertigkeit gekennzeichneten verbalen Wettstreit inszenieren – und so eine **dichte, dynamische Atmosphäre** schaffen, die der Blankvers durch seine Nähe zur mündlichen Rede unterstützt. Auffällig ist, dass sämtliche Figuren – gleichgültig, welcher sozialen Schicht sie angehören – mit hoher kommunikativer Kompetenz ausgestattet sind. Somit erscheinen sie als **gleichberechtigte Gesprächspartnerinnen und Gesprächspartner**, bei deren Auseinandersetzungen nicht der Status, sondern das bessere Argument entscheidend ist.

Der Sprache wird somit die Macht zuerkannt, Menschen zu erziehen und zu verändern: Das herausragendste Beispiel dafür ist die Ringparabel, mit der es Nathan gelingt, Saladin ins Unrecht zu setzen und ihn gleichzeitig zum Freund zu gewinnen. Dieses **Vertrauen in die Sprache** spiegelt die Bedeutung der aufklärerischen Diskussionskultur wider, innerhalb deren sich das aufstrebende Bürgertum über seinen Wertekanon zu verständigen suchte. Dabei wird die Sprache zum Erkenntnisinstrument, das möglichst präzise gehandhabt werden soll. Im *Nathan* kommt dies darin zum Ausdruck, dass häufig Redewendungen und Floskeln wörtlich genommen und auf ihren unreflektierten Gehalt hin überprüft werden – etwa wenn der Tempelherr sein Vorhaben eingesteht, Nathan „kurz und gut das Messer an die Kehle/ Zu setzen", und Nathan kontert: „Kurz und gut? und gut? – Wo steckt/ Das Gute?" (V. 3394 ff.) Darüber hinaus werden Leitbegriffe wie „Mensch", „Glaube" oder „Wunder" hin und her gewendet, um ihre Bedeutung auszuloten.

Allerdings lassen sich im *Nathan* zugleich **sprachskeptische Elemente** auffinden. Dass die rationale Überzeugungskraft von Worten nur bedingt Emotionen zu beeinflussen vermag, wird uns vor allem anhand der Gestalt des Tempelherrn vorgeführt: Bis zuletzt ist dieser von seinen **Vorurteilen** gegenüber den Juden nicht befreit, sondern hat allenfalls Einsicht in seine Intoleranz erlangt. Außerdem verdeutlicht der Patriarch die **manipulative Macht** der Sprache, ihren Missbrauch als Ideologie: Durch seine autoritäre Rhetorik will er den Tempelherrn dazu bewegen, sich als Spion und Attentäter zu verdingen und ihm Nathan auszuliefern. Es ist kein Zufall, dass es im Stück niemals zu einer Begegnung zwischen Nathan und dem Patriarchen kommt, denn an dessen **Engstirnigkeit und Phantasielosigkeit** wäre auch der weise Jude gescheitert: Den Patriarchen hätte Nathan nicht wie Saladin mit einer Parabel zu beeindrucken vermocht, denn jener hält sich nur an die vorhandene gesellschaftliche Realität; er interessiert sich für einen Fall nur, wenn er ein „Faktum“ und keine „Hypothes’“ darstellt (V. 2511). Darüber hinaus verdeutlicht auch die Schlussszene der stummen allseitigen Umarmungen, dass die verbale Sprache mitunter weniger aussagekräftig ist als die körperliche. Nichtsdestotrotz überwiegen zweifellos im *Nathan* jene Szenen und Textstellen, die von Sprachoptimismus zeugen.

6 Interpretation von Schlüsselszenen

Vorurteile überwinden: Nathan erzieht den Tempelherrn. (II. Aufzug, 5. Auftritt)

Die erste Begegnung zwischen Nathan und dem Tempelherrn kommt einer hindernisreichen Annäherung gleich, bei der es Nathan mit Gelassenheit und Eloquenz gelingt, die Feindseligkeit des Tempelherrn schrittweise zu durchbrechen und in ihr Gegenteil zu verkehren.

Der Disput mündet schließlich deshalb in einen **Freundschaftsbund**, weil sich für beide trotz der vorhandenen Differenzen im Verlauf des Gesprächs herauskristallisiert, dass sie einem ähnlichen Menschenbild verpflichtet sind: Beide halten die Unterschiede für zweitrangig, die Individuen aufgrund ihrer Bindungen an verschiedene Kulturen und Gesellschaften aufweisen – seien sie „An Farb’, an Kleidung, an Gestalt verschieden“ (V. 1276). Nathan und der Tempelherr stimmen darin überein, dass die ethnisch definierte Herkunft zufällig ist und sich nur oberflächlich auswirkt; entscheidend ist die **Zugehörigkeit zur Gattung Mensch**, wie es Nathan in seinem eindringlichen Appell formuliert:

Verachtet
Mein Volk so sehr Ihr wollt. Wir haben beide
Uns unser Volk nicht auserlesen. Sind
Wir unser Volk? Was heißt denn Volk?
Sind Christ und Jude eher Christ und Jude,
Als Mensch? Ah! wenn ich einen mehr in Euch
Gefunden hätte, dem es g'nügt, ein Mensch
Zu heißen! (V. 1306 ff.)

Die Gattungszugehörigkeit, das Menschsein, wird als Potenzial bestimmt, das auch zwischen Anhängern verschiedener Religionen Verständnis zu stiften vermag. Mit anderen Worten: Wenn zwei Menschen sich einig sind, dass ihre Religion ein sekundäres Merkmal ist, dann können sie einander wechselseitig als Menschen anerkennen. Das so herbeigeführte überschwängliche Einvernehmen kann jedoch nicht darüber hinwegtäuschen, welche Kluft den Tempelherrn noch von der Weltanschauung und Lebenspraxis Nathans trennt.

Wenn Nathan emphatisch vom Menschen an sich spricht, dann verbindet er damit grundsätzlich die Vorstellung vom überall vorhandenen Guten: „Ich weiß, wie gute Menschen denken; weiß, / Dass alle Länder gute Menschen tragen." (V. 1273 f.) Diese **positive Voreingenommenheit** bleibt bei ihm auch im Dialog mit dem Tempelherrn kein Lippenbekenntnis: Ohne Zögern deutet er bereits in dem Moment, als er des Retters seiner Tochter zum ersten Mal ansichtig wird, dessen Gespaltenheit – heroisch in seinen Taten, aber abweisend-unwirsch in seinem Auftreten – als „raue Tugend" und die Schroffheit als bloße Äußerlichkeit: „Die Schale kann nur bitter sein: der Kern / Ist's sicher nicht." (V. 1192, 1197 f.)

Der Tempelherr hingegen nimmt sein Gegenüber zunächst nicht als Individuum, als konkreten Einzelnen wahr, sondern lediglich als Repräsentanten einer von ihm verachteten Religion: Zu Beginn des Dialogs redet er Nathan statt mit dem Vornamen mit „Jude“ an. Auf die **Diskriminierung**, die darin ebenso zum Ausdruck kommt wie etwa in dem Bedauern des Tempelherrn, „nur/ Das Leben einer Jüdin“ (V. 1219 f.) gerettet zu haben, reagiert Nathan weder wütend noch empört. Vielmehr entschärft er klug die Situation, indem er dem Tempelherrn – dessen beleidigenden und rassistischen Äußerungen zum Trotz – weiterhin hehre Motive zubilligt: „Stellt und verstellt Euch, wie Ihr wollt. Ich find/ Auch hier Euch aus. Ihr wart zu gut, zu bieder,/ Um höflicher zu sein.“ (V. 1262 ff.) Diese Einschätzung ergibt sich zum einen aus der unerschütterlichen Überzeugung Nathans, dass prinzipiell der Wille zum Guten den Menschen antreibt; zum anderen gründet sie auf Nathans Fähigkeit, sich in den anderen hineinzuversetzen, das heißt, Empathie zu empfinden: Er spürt, wie viel Unsicherheit sich hinter der Aggressivität des Tempelherrn verbirgt.

Dass Nathan sich vom unwirschen, stolzen und misstrauischen Verhalten des Tempelherrn nicht provozieren lässt, ist nicht mit Gefühlskälte gleichzusetzen: Er ist kein berechnender Rhetoriker, der sein Gegenüber aus einem Gefühl der Überlegenheit heraus zu manipulieren sucht. Im Gegenteil. Er lässt sich vom Tempelherrn sogar ein wenig verunsichern: „Fast scheu ich mich des Sonderlings.“ (V. 1191) Zudem agiert Nathan nicht durchgängig beherrscht, rational und besonnen. Das spürt auch der Tempelherr: Als Nathan gerührt eine Träne auf den Mantel des Kreuzfahrers vergießt, wird diesem bewusst, wie grausam es war, Recha die Gelegenheit zu einer Dankesbezeugung zu verweigern.

Sein Ziel, den Tempelherrn zu einem Besuch Rechas zu bewegen, erreicht Nathan schließlich, weil er von ihm gar nicht mehr als Jude wahrgenommen wird. Denn wie das Eingeständnis des Tempelherrn, „Ich schäme mich,/ Euch einen Augenblick verkannt zu haben“ (V. 1314 f.), zeigt, hat er seine Einschätzung ausschließlich im Hinblick auf die Person Nathans revidiert. Und wie der Fortgang des Stücks lehrt, überwindet der Tempelherr seine **pauschale Ablehnung des Judentums** nicht dauerhaft; vielmehr unterläuft er immer dann seinen Freundschaftsbund mit Nathan, wenn ihm dessen Religion bewusst wird: „Der tolerante Schwätzer ist entdeckt!“ (V. 2779) Seine lediglich in den Hintergrund gedrängten Vorbehalte manifestieren sich auch darin, dass er Nathans Freundschaftsangebot durch einen Tempuswechsel in die Zukunft verschiebt: Nathans „Wir müssen, müssen Freunde sein!“ (V. 1306) erwidert der Tempelherr mit „Wir müssen, müssen Freunde werden.“ (V. 1319)

Ressentiments gegenüber dem Judentum hegt der Tempelherr vor allem deshalb, weil er ihm die Schuld am **Absolutheitsanspruch aller monotheistischen Religionen** gibt:

Wisst Ihr, Nathan, welches Volk
Zuerst das auserwählte Volk sich nannte?
Wie? wenn ich dieses Volk nun, zwar nicht hasste,
Doch wegen seines Stolzes zu verachten,
Mich nicht entbrechen könnte? Seines Stolzes;
Den es auf Christ und Muselmann vererbte,
Nur sein Gott sei der rechte Gott! (V. 1289 ff.)

Erstaunlicherweise argumentiert der Tempelherr – immerhin kam er als Kreuzzügler nach Jerusalem – hier nicht wie ein fanatischer Christ. Er weist jegliche Intoleranz zurück und bezeichnet Glaubenskriege zudem als „fromme Raserei“ (V. 1297). Für diese Einstellung ist aber nicht der mäßigende Einfluss Nathans verantwortlich zu machen, denn sie bricht aus dem Tempelherrn heraus wie etwas, das ihn seit langem beschäftigt. Wie in den letzten Zeilen des Stücks deutlich wird, verfolgten ihn Ahnungen bezüglich seiner nichtchristlichen **Herkunft**. Nathans Irrita-

Der Klosterbruder (Jochen Neubert), Sittah (Ursula Grossenbacher) und der Tempelherr (Gunnar Schmidt). Inszenierung von Donald Berkenhoff im Badischen Staatstheater Karlsruhe (2001). Foto: Simone Manthey

tion weist schon hier auf ein Geheimnis um die Identität des Tempelherrn hin: „Wo sah ich doch dergleichen?“ (V. 1198)

Die **Rettung Rechas**, die der Tempelherr Nathan gegenüber auf eine Pflichtübung herunterspielt, hat seine Orientierungslosigkeit insofern noch gesteigert, als er nun mit der Situation fertig werden muss, für eine Vertreterin jenes Volkes, das er verachtet, sein Leben riskiert zu haben. Schließlich erklärt er sich ausgerechnet mit den Worten „Ich brenne vor Verlangen“ (V. 1323) bereit, Recha, die er doch vor dem Flammentod bewahrte, endlich einen Besuch abzustatten und damit Nathan in dessen Hoffnungen auf einen passenden Schwiegersohn („Kennt sie nur erst!“, V. 1322) zu bestärken. Dass der Tempelherr mit dieser Formulierung Nathans Bitte nachkommt, wirft ein Licht auf die negativen Seiten seiner Impulsivität.

Durch das Gespräch mit Nathan hat der Tempelherr nicht zu einem dauerhaften inneren Gleichgewicht gefunden: Da das Bekenntnis zum Menschsein noch keine ausreichende Bestimmung individueller Identität darstellt, treibt ihn weiter die schmerzhafte Frage um, wer sein leiblicher Vater war. Dennoch ist die Diskussion mit Nathan wegen des erreichten Wertekonsenses eine wichtige Station auf dem **Weg des Tempelherrn zur Ich-Findung** – ein Prozess, der innerhalb des Stücks maßgeblich vorangetrieben, aber nicht abgeschlossen wird.

An die Wahrheit glauben: Nathan bekehrt Saladin. (III. Aufzug, 7. Auftritt)

Als Höhepunkt seines Dramas hat Lessing die Szene konzipiert, in der Nathan Saladin die so genannte **Ringparabel** erzählt und mit ihm über die Möglichkeit debattiert, unter den drei monotheistischen Weltreligionen Judentum, Islam und Christentum die einzig wahre zu bestimmen. Genau in der Mitte situiert, verdichtet dieser Dialog den auch andernorts im Text durch die Handlung verfochtenen Wertekanon, insbesondere die **Idee der Toleranz und der Nächstenliebe**, zu einem Plädoyer von philosophischer Tragweite. Darüber hinaus wird aber auch – und das geschieht in diesem Stück nirgendwo sonst – erörtert, inwiefern der Mensch prinzipiell fähig ist, mithilfe seines Denkens zur **Wahrheit** vorzudringen. Es lohnt sich, diesem erkenntnistheoretischen Problem, das den aufklärerischen Vernunftoptimismus hinterfragt, Aufmerksamkeit zuzuwenden, da es die Grundlage von Nathans Argumentation bildet.

Als Nathan sich betont bescheiden und harmlos anschickt, Saladin ein „Geschichtchen" (V. 1905) zu erzählen, hat er bereits Verdacht geschöpft, dass es sich bei der vorangegangenen, allein auf Rationalität abhebenden Frage des Herrschers, „Was für ein Glaube, was für ein Gesetz / Hat dir am meisten eingeleuchtet?" (V. 1840 f.), um eine Falle handelt. Im Unterschied zum Publikum weiß er zwar nicht definitiv, dass der Sultan ihn nur in die Enge treiben will, um ihm leichter einen Kredit abpressen zu können, aber er zweifelt wegen der eigentümlichen Direktheit der Frage an Saladins Aufrichtigkeit. Und er ist sich über das **Dilemma** im Klaren, seine eigene Religion in dieser Situation weder verwerfen, noch ihr eine Vorrangstellung einräumen zu können: Ersteres würde die Frage nach sich ziehen, warum er, der Weise, dennoch an ihr festhält und nicht konvertiert, beispielsweise zum Islam; Letzteres würde den Sultan beleidigen.

Wie Nathans Ausruf „Möcht auch doch / Die ganze Welt uns hören" (V. 1894 f.) offenbart, ist seine Antwort dennoch, obwohl sie unter Druck ersonnen wurde, **keine strategische Äußerung**, kein bloß für den Augenblick tragfähiger Trick. Sie erhebt vielmehr Anspruch auf Allgemeingültigkeit.

Indem Nathan in seiner Parabel schildert, wie ein Vater zwei Kopien eines seit Generationen vererbten Rings anfertigen lässt, weil er sich nicht entscheiden kann, welchen seiner Söhne er am meisten liebt, wird zum Ausdruck gebracht, dass die **Vielfalt der Religionen** eine gottgewollte ist. „Möglich; dass der Vater nun / Die Tyrannei des Einen Rings nicht länger / In seinem Hause dulden wollen!" (V. 2035 ff.), vermutet der später von den streitenden Brüdern hinzugezogene Richter. Die Unfähigkeit des Vaters, das Original zu ermitteln, ist kein Missgeschick, da er die Kopien, wie Nathan dem Sultan erläutert, „in der Absicht machen ließ, / Damit sie nicht zu unterscheiden wären" (V. 1968 f.).

Es wäre zu kurz gegriffen, diese Aussage als Behauptung der Gleichrangigkeit von Judentum, Christentum und Islam zu interpretieren. Hervorgehoben wird vielmehr, dass eine Rangordnung durch den Menschen nicht feststellbar ist. Es käme einer Anmaßung gleich, wenn der Mensch dort urteilen würde, wo Gott selbst es aus gutem Grund unterlässt – es zumindest bislang noch unterlässt, denn die Bestimmung der wahren Religion wird nicht für alle Zeiten ausgeschlossen: In einer fernen Zukunft, „über tausend tausend Jahre" (V. 2050), werde es möglich, ein Urteil zu fällen. Als Kriterium gilt **das humane Handeln**, zu dem die jeweilige Religion ihre Anhänger veranlasst:

Es eifre jeder seiner unbestochnen
Von Vorurteilen freien Liebe nach!
Es strebe von euch jeder um die Wette,
Die Kraft des Steins in seinem Ring' an Tag
Zu legen! komme dieser Kraft mit Sanftmut,
Mit herzlicher Verträglichkeit, mit Wohltun,
Mit innigster Ergebenheit in Gott,
Zu Hülf'! (V. 2041 ff.)

Die Vielfalt der Religionen erscheint somit als ein von einer göttlichen Instanz ausgerufener Wettbewerb, als Bewährungsprobe für den gläubigen Menschen: sich hervorzutun durch **gute Taten**. Der Glaube an Gott – an welchen auch immer – wird zum Motor für die sittliche Vervollkommnung des Menschen. Zum Appell zugespitzt wird damit, was von Anfang an die Bedeutung des Rings ausmachte: Der Ring entfaltet nämlich nur dann „die geheime Kraft, vor Gott/ Und Menschen angenehm zu machen", wenn er „In dieser Zuversicht" (V. 1915 ff.) getragen wird. Es geht also nicht darum, sich passiv einer mysteriösen Kraft anheim zu geben. Voraussetzung für die Wirkung des Rings ist vielmehr das Engagement seines Trägers. Da der Ring nur patrilinear, der väterlichen Linie folgend, vererbt wird, kann er keiner Frau zufallen. Das bedeutet nicht, dass Lessing die über den Bildbereich der Parabel hinausweisende moralische Forderung ausschließlich auf Männer bezieht, ist aber freilich ein Widerschein der historischen Tatsache, dass für den aufklärerischen Diskurs das **Geschlechterverhältnis** ein Konfliktthema war und Frauen nur bedingt in das neue Konzept des vernunftbestimmten Menschen integriert wurden.

Dieser vernunftbestimmte Mensch wird hier als einer entworfen, der nicht nur in Fragen der Religion um die Grenzen seiner Erkenntnisfähigkeit weiß. Denn der Zweifel an der überzeitlichen Bestimmbarkeit der wahren Religion fußt auf der Vorstellung, dass Wahrheit kein ahistorischer, objektiv messbarer

Zustand ist. Nathan gelingt es, den Sultan zu beschämen, weil dieser versteht, von welcher Vermessenheit seine Wahrheitsvorstellung zeugte: Von Nathan verlangte er objektive Gründe, was die Wahrheit zu etwas Statischem, Dinghaftem macht und zugleich davon ausgeht, es ließe sich ein objektiver, allwissender Standpunkt einnehmen. Verteidigt wird demgegenüber das **Streben nach Wahrheit**: Wahrheit wird zum nie erreichbaren Ziel eines individuellen Suchprozesses, der den Menschen zu guten Taten bewegt.

Unterstrichen wird diese Relativierung jeglichen Absolutheitsanspruchs vor allem dadurch, dass Nathan die Ununterscheidbarkeit der Religionen in deren **Geschichtlichkeit** verankert:

Denn gründen alle sich nicht auf Geschichte?
Geschrieben oder überliefert! – Und
Geschichte muss doch wohl allein auf Treu
Und Glauben angenommen werden? – Nicht? –
Nun wessen Treu und Glauben zieht man denn
Am wenigsten in Zweifel? Doch der Seinen? (V. 1975 ff.)

Nathan löst den Glaubensbegriff aus dem religiösen Zusammenhang und definiert ihn als unwillkürliche, gleichsam instinktive **Loyalität** den eigenen Vorfahren gegenüber: Die eigene Religion erscheint einem selbstverständlich und wahr, weil man entsprechend sozialisiert wurde. Mit diesem Argument reagiert Nathan auch auf das zweischneidige Lob des Sultans, kein Mann zu sein, der einfach da stehen bleibe, „wo der Zufall der Geburt/ Ihn hingeworfen“ (V. 1846 f.). Während der Sultan den Menschen als intellektuell Unabhängigen fasst, der sich ausschließlich von rationalen Beweggründen leiten lassen sollte, betont Nathan, dass der Mensch immer auch Angehöriger einer bestimmten Gruppe, einer Familie ist und somit ein **soziales Wesen**. Man kann nicht mittels Vernunft aus den Traditionen und kulturellen Verhältnissen, in die man hineingeboren wurde und in denen man aufwuchs, hinaustreten.

Aber man ist auch nicht gezwungen, sich ihnen blind zu unterwerfen und den eigenen Standpunkt für absolut zu erklären: Nathan erachtet zwar das Judentum für sich selbst als die beste Religion, aber er verteidigt es nicht als die beste für alle – eben weil sonst geleugnet würde, dass andere ebenso legitim ihren Vorfahren vertrauen. Die Unauflöslichkeit sozialer Bindungen legt somit den Grundstein für **Toleranz**.

An der Brisanz des Toleranzgedankens lässt Lessing keinen Zweifel: Die Handlung ist eingebettet in ein historisches Umfeld, in dem Intoleranz und fundamentalistische Militanz zur Vernichtung Andersdenkender führen und die kriegerischen Auseinandersetzungen nur wegen eines Waffenstillstands vorübergehend ausgesetzt wurden.

Die **Utopie einer friedlichen Koexistenz** von Juden, Moslems und Christen wird allerdings an einen spezifischen Toleranzbegriff geknüpft: Wie Nathan und Saladin durch ihr Gespräch demonstrieren, ist es erforderlich, mit Andersdenkenden in einen Dialog zu treten, der von der Suche nach gemeinsamen ethischen Orientierungen getragen wird. Obgleich der Dialog

Recha (Martina Stilp), Saladin (Ernst Prassel) und Nathan (Otto David). Inszenierung von Thomas Reichert im Schauspielhaus Graz (2002). Foto: Peter Manninger

zwischen dem Sultan und dem stadtbekannten weisen Juden unter ungünstigen Voraussetzungen beginnt – Misstrauen und verborgene Interessen schufen eine angespannte Atmosphäre –, entwickelt er sich zu einem intensiven, offenen Meinungsaustausch und führt sogar zu einer Freundschaft. Die Vernunft, so die optimistische Vision, kann sich allen Widrigkeiten zum Trotz in der Kommunikation durchsetzen und bewirken, dass die Menschen – wie auch die drei um den Ring streitenden Brüder – sich auf den **gemeinsamen Kern ihrer Weltanschauungen** besinnen und danach trachten, Humanität und Nächstenliebe im Wettstreit zu praktizieren; wofür Nathan gleich ein Beispiel gibt, indem er Saladin zum Abschluss unaufgefordert ein Darlehen anbietet.

Angestrebt wird mit diesem Toleranzverständnis nicht der Verzicht auf das Eigene, sondern dessen Relativierung – angesichts der Erkenntnis, dass auch das vermeintlich gänzlich Fremde Vertrautes beinhaltet. Die **Verständigung über das Gemeinsame** soll gewährleisten, sich vom Trennenden nicht bedroht zu fühlen. Der Text suggeriert, dass universale Werte existieren; dass die Konzentration auf das Gemeinsame sinnvoll ist, weil von dessen Existenz ausgegangen werden kann. Offen bleibt, wie es zu einer Definition dessen, was gemeinsam ist, gekommen ist. Im Stück, dies wurde in dieser Szene am deutlichsten, hat Nathan dafür die Definitionsmacht.

Am Ende bereut Saladin doch noch, seiner Schwester das Lauschen verboten zu haben: „Denn/ Wie soll ich alles das ihr nun erzählen?“ (V. 2109 f.) Was ihm zu schaffen macht, ist die Komplexität von Nathans Lektion, die **nicht auf eine einfache Quintessenz reduzierbar** ist. Denn der Inhalt von Nathans Rede kann nicht von deren Form getrennt werden: Die Ringparabel, mit der Nathan den Sultan auf das **Terrain der Dichtung** führt, ist kein verzichtbarer Umweg, sondern die unabdingbare Voraussetzung für die Überzeugungskraft von Nathans Worten.

Damit wird der Literatur die Macht zugesprochen, durch ihren uneindeutigen, metaphorischen Charakter utopische und gesellschaftskritische Gehalte aufscheinen zu lassen.

Seinem Gewissen folgen: Gottergebenheit führt zu Vernunft. (IV. Aufzug, 7. Auftritt)

Die Bedeutsamkeit dieser Szene ergibt sich daraus, dass sie enthüllt, welcher biografische Reifungsprozess sich hinter der Weisheit Nathans verbirgt. Dem Klosterbruder Bonafides vertraut er an, was er bislang geheim hielt: dass seine Aufnahme eines christlichen Waisenkindes deshalb eine außergewöhnliche Handlung darstellt, weil Christen bei einem Pogrom seine Familie ermordeten und er selbst gefährdet war, sich in Hass- und Rachegefühlen zu verlieren. Man kann nur spekulieren, ob er auch vor **dieser traumatischen Verlusterfahrung** schon so großzügig war, unaufgefordert Geld zu verschenken, beziehungsweise innerlich in der Lage war, das Niederbrennen seines Hauses lediglich als Gelegenheit zu begreifen, ein neues, bequemeres zu errichten – der Text erteilt diesbezüglich keine Auskunft. Fest steht hingegen, dass Nathans Lebensklugheit **Resultat starker widerstreitender Emotionen** ist: einer „drei Tag' und Nächt'" (V. 3046) währenden psychischen Krise.

Dieses Ereignis wertet Nathans Weisheit auf. Sie erscheint glaubwürdig, weil sie mühsam errungen wurde und aus einer niedergekämpften Anfechtung, einer bewältigten Versuchung hervorging. Nathans moralische Integrität (Unbescholtenheit) wurzelt im Leiden. Seine **erfahrungsgesättigte, aus Verzweiflung gewonnene Weisheit** wird auch insofern als vorbildlich gekennzeichnet, als sie mit einer kognitiven, abstrakten konfrontiert wird: Nathan schätzt nicht die „kalte Buchgelehrsamkeit, die sich / Mit toten Zeichen ins Gehirn nur drückt" (V. 3534 f.), bloßes Wissen erscheint als Verführung zur Überheblichkeit. Im Umkehrschluss wird der Analphabetismus des Klosterbruders zum Anzeichen für seinen guten Charakter: Dass er nicht lesen kann, bezeugt seine Frömmigkeit und Aufrichtigkeit. Einer lediglich auf Schulung des Denkens abzielenden Bildung wird so ein ganzheitliches Konzept gegenübergestellt, das auch die sittliche Vervollkommnung des Menschen umfasst. Vor diesem Hintergrund wird auch das der Ringparabel vorangegangene Ansinnen des Sultans, Nathans Urteil in Sachen Religion aus Gründen der Zeitersparnis unverändert zu übernehmen, noch einmal schärfer als Verwechslung von Weisheit und Wissen gekennzeichnet.

Bei der Ringparabel konnte noch der Eindruck entstehen, dass es eines Gottes nur als einer Instanz bedarf, die die Menschen in einem einmaligen Akt der Glaubensvermittlung zum humanen Handeln veranlasst und schließlich eines Tages über den Erfolg dieser Anstrengungen urteilt. Der Hergang von Nathans Krise verdeutlicht hingegen, dass der Mensch auch im Zeitraum dazwischen nicht von Gott unabhängig ist, da die **Vernunft selbst als erfüllt vom Göttlichen** gefasst ist:

Doch nun kam die Vernunft allmählig wieder.
Sie sprach mit sanfter Stimm': „Und doch ist Gott!
Doch war auch Gottes Ratschluss das! Wohlan!" (V. 3052 f.)

Nathan vermag schließlich seine Vergeltungswünsche zu überwinden und Hass in Liebe zu verwandeln, weil er Gott wieder vertraut, nachdem er mit ihm „gerechtet" hat (V. 3048). Vernunft ist unauflöslich mit Gott verknüpft – eine Vorstellung, mit der Lessing sich gegen jene Ausprägung des aufklärerischen Vernunftbegriffs wendet, die die Denkkraft des Menschen allein aus dessen kognitiven Fähigkeiten ableitet.

Die durchaus komödiantisch angelegte Gestalt des Klosterbruders, dem Nathan unter dem Siegel der Verschwiegenheit sein Geheimnis eröffnet, steht aber zugleich für die Einsicht, dass den Menschen die Verwiesenheit auf Gott nicht von der Verpflichtung entbindet, **eigene Maßstäbe für moralisches Handeln** zu entwickeln. Geprägt von der „frommen Einfalt" (V. 3032), die Nathan ihm zubilligt, gelingt es Bonafides, intuitiv zwischen seinem „Gewissen" (V. 2967) und den Dogmen der Kirche zu differenzieren: Hellsichtig und naiv zugleich stellt er fest, dass selbst die „aller Sünden größte Sünd'" Auslegungssache ist: „Nur dass wir, Gott sei Dank, so recht nicht wissen,/ Worin sie eigentlich besteht" (V. 2964 ff.).

Er, der bestrebt ist, ein zurückgezogenes, geistliches Dasein als Eremit wiederaufzunehmen, wird ständig gezwungen, sich mitten in weltliche **Machtinteressen**, **Heucheleien und Intrigen** hineinzubegeben: „Der Patriarch braucht mich zu allerlei,/ Wovor ich großen Ekel habe" (V. 2952 f.). Aber er vermag den Zwiespalt zwischen Pflicht und Gewissen zu kitten. Immer wieder von dem machthungrigen Patriarchen mit üblen Aufträgen betraut, geht er einen Mittelweg: Einerseits widersetzt er sich nicht seinem Auftraggeber, andererseits handelt er nicht in dessen Sinn. Statt offen den Gehorsam zu verweigern, **sabotiert er die Pläne des Patriarchen**, indem er sie ausplaudert und aus seinem Unbehagen ob ihres bösartigen Charakters keinen Hehl macht.

Was bei oberflächlicher Betrachtung als Opportunismus erscheinen könnte, erweist sich als eine Form der **Zivilcourage**, denn der Klosterbruder scheut den Protest gegen die Obrigkeit nicht aus Feigheit, sondern um „das Schlimme" (V. 3000) abzuwenden. Auch dieses Mal verhindert Bonafides mit seiner Strategie Unheil – und untergräbt damit auch die Autorität des Patriarchen: Geradezu lächerlich wirkt selbiger in seiner Unfähigkeit, für seine Machenschaften einen geeigneten dienstbaren Kandidaten auszuwählen. Bonafides verdient sich in dieser Szene unwiderruflich das Vertrauen Nathans, der ihn später folgendermaßen charakterisiert: „Für den/ Nun steh ich. Der wird seinem Patriarchen/ Nichts Ungebührliches vollziehen helfen" (V. 3351 ff.).

Blinder Gehorsam – zu dem ein anderer Untergebener des Patriarchen vielleicht willens wäre – würde hingegen die Gewalt steigern: Im formelhaften, unerbittlichen Urteilsspruch des Patriarchen – „Der Jude wird verbrannt“ (V. 2546, 2553, 2558 f.) – ist derselbe Fanatismus am Werk, der auch zur Ermordung von Nathans Familie führte. Der Klosterbruder trägt somit durch sein **doppeltes Spiel** dazu bei, die Macht des Patriarchen zu schwächen, ohne dessen Argwohn zu erregen.

Aber das Einvernehmen zwischen Nathan und dem Klosterbruder geht über den Abscheu gegenüber Intoleranz und Fanatismus hinaus. Beide erachten die **Liebe als Fundament praktizierter Religiosität** und können sich in diesem humanistischen Credo wechselseitig anerkennen. Für den Klosterbruder stellt es dabei das höchste Lob dar, Nathan als einen vorbildlichen Vertreter seiner eigenen Religion zu begreifen: „Bei Gott, Ihr seid ein Christ! / Ein bessrer Christ war nie!“ (V. 3067 f.) Nathans Erwiderung hingegen ist neutraler und zeugt von seinem Streben, stets das Gemeinsame hervorzuheben: „Wohl uns! Denn was / Mich Euch zum Christen macht, das macht Euch mir / Zum Juden!“ (V. 3068 ff.)

Der Klosterbruder bestärkt Nathan in der Ansicht, dass Vaterschaft sich nicht über das Blut oder die Übereinstimmung der Religion definiert, sondern über die soziale Beziehung, die durch Zuneigung und einen frühen fürsorglichen Kontakt gestiftet wird: „Und Kinder brauchen Liebe, / Wär’s eines wilden Tieres Lieb’ auch nur, / In solchen Jahren mehr, als Christentum.“ (V. 3013 ff.) Somit wird auch der Dialog zwischen Nathan und dem Klosterbruder zu einem Beleg für die Chance, sich über die Grenzen der Religion hinweg zu verständigen.

Rezeptions- und Wirkungsgeschichte

Erst am 14. April 1783 – vier Jahre nach Veröffentlichung und zwei Jahre nach Lessings Tod – wurde *Nathan der Weise* in Berlin uraufgeführt. Diese **zögerliche Aufnahme** hatte der Autor durchaus erwartet: „Noch kenne ich keinen Ort in Deutschland, wo dieses Stück schon jetzt aufgeführt werden könnte. Aber Heil und Glück dem, wo es zuerst aufgeführt wird", schreibt Lessing im zweiten Fragment einer (in der Schlussfassung weggefallenen) Vorrede zum Stück.

Der Uraufführung vorangegangen war eine Phase, in der das Drama in privatem Rahmen von einzelnen Lesern mit Begeisterung aufgenommen wurde, in der Öffentlichkeit aber vor allem wegen seiner **Religionskritik** auf Ablehnung stieß: Wie der Dichter Friedrich Schlegel 1797 feststellte, galt es damals als „Anti-Goeze Nr. 12", das heißt als Fortführung von Lessings Angriff auf das orthodoxe Christentum (vgl. *Interpretationshilfe* S. 10 f.). Außerdem störten sich Lessings Zeitgenossen an der Tatsache, dass ein vorbildlicher Jude die Titelfigur des Dramas abgibt: Auch der Philosoph Immanuel Kant konnte, so überliefert es ein Brief Johann Georg Hamanns an Johann Gottfried Herder vom 6. Mai 1779, „keinen Helden aus diesem Volk leiden". Neben solche von **Antisemitismus** geprägte Reaktionen traten Vorbehalte bezüglich der Form, die als untheatralisches Nebeneinander von Lehr- und Familienstück gerügt wurde: Die ausgeprägte **didaktische Dimension** wurde auch dafür verantwortlich gemacht, dass bereits bei der dritten Vorführung das Publikum größtenteils ausblieb.

Ein gewisser **Erfolg** wurde dem Stück erstmals durch **Friedrich Schillers Inszenierung 1801** in Weimar zuteil. Schiller, der 1795 in seiner Schrift *Über naive und sentimentalische Dichtung* die uneindeutige Stellung des *Nathan* zwischen Tragödie und Komödie beanstandet hatte, kürzte das Drama und entschärfte die Kritik am Christentum. Auch **Goethes Urteil** trug dazu bei, dem Stück einen unangefochtenen Platz im Theaterrepertoire zu verschaffen: In seiner Autobiografie *Dichtung und Wahrheit* von **1812** lobte er Lessing dafür, im *Nathan* zu „einer heiteren Naivität" zurückgekehrt zu sein.

Im **19. Jahrhundert** setzte sich dieser Prozess der **Kanonisierung**, der Anerkennung des Stücks als bedeutendes Werk, fort: Zwar wurden weiterhin die dramatische Zwischenform des *Nathan,* die Parteinahme für das Judentum sowie die Religionskritik moniert, aber das Stück erhielt dennoch den Rang einer schulischen Pflichtlektüre, da es von verschiedenen Seiten vereinnahmt wurde: Während das liberale Bürgertum den *Nathan* als Bekenntnis zum Humanismus würdigte, wurde das Stück von konservativen Kräften als Beleg für eine herausragende kulturelle Stellung Deutschlands gewertet. Im **Kaiserreich** (ab 1871) setzte sich die nationalistisch ausgerichtete Instrumentalisierung Lessings durch; gleichzeitig stieß dessen Parteinahme für das Judentum auf rassistisch motivierten Widerspruch.

Eine einschneidende Etappe der Rezension bildet der **Nationalsozialismus**: Zwischen 1933 und 1945 war das Stück zum einen wegen seiner Judenfreundlichkeit, zum anderen wegen seiner pazifistischen Botschaft von den Bühnen und aus den Schulen verbannt.

Infolge einer Haltung der **Wiedergutmachung** wurde *Nathan der Weise* im Deutschland der **Nachkriegszeit** häufig auf den Spielplan gesetzt: Vor dem Hintergrund des Holocaust wurde die moralische Qualität des jüdischen Protagonisten besonders betont.

Sowohl in der BRD als auch in der DDR erlangte das Stück in den folgenden Jahren den **Status eines Klassikers**: Im Osten trug es dazu bei, Lessing in eine marxistische Geschichtskonstruktion einzubetten und ihn zum frühen Kämpfer gegen den Feudalismus zu stilisieren; im Westen reizte das Stück immer wieder verschiedene Theaterregisseure zu einer Problematisierung der im Stück geforderten Toleranz im Hinblick auf die historische Realität von Auschwitz. Auch im 21. Jahrhundert gehört Lessings *Nathan der Weise* hierzulande zum festen Bestand des Theaterrepertoires und des schulischen Deutschunterrichts.

Literaturhinweise

In der Interpretationshilfe verwendete Textausgabe:

LESSING, GOTTHOLD EPHRAIM: *Nathan der Weise. Ein dramatisches Gedicht in fünf Aufzügen.* Stuttgart: Reclam 2000 (RUB 3).

Weiterführende Sekundärliteratur:

DREWS, WOLFGANG: *Gotthold Ephraim Lessing.* Reinbek: Rowohlt, 27. Auflage 2001 (Erstausgabe: 1992).

Ein Porträt, das aufgrund seiner zahlreichen Selbstzeugnisse und Bilddokumente einen ersten, griffigen Einstieg in Lessings Leben und Werk bietet.

FICK, MONIKA: *Lessing-Handbuch: Leben – Werk – Wirkung.* Stuttgart: Metzler 2000.

Ein anspruchsvoller, klar gegliederter Band, der Lessings Werk vor dem Hintergrund des aktuellen Forschungsstands behandelt; empfehlenswert zur Vorbereitung auf Referate.

HILDEBRANDT, DIETER: *Lessing. Biographie einer Emanzipation.* Lizenzausgabe der Originalausgabe von 1979. München: Deutscher Taschenbuch Verlag 2003.

Eine ausführliche, spannend geschriebene Biografie, die einen differenzierten Einblick in die Persönlichkeit Lessings bietet.

KOEBNER, THOMAS: *„Nathan der Weise". Ein polemisches Stück?.* In: Lessings Dramen. Interpretationen. Stuttgart: Reclam 1987, S. 138–207.

Ein gut verständlicher Aufsatz, der sich auf eine genaue Analyse der Figuren des Dramas konzentriert.

Anmerkungen

1 Wilpert, Gero von: *Sachwörterbuch der Literatur.* Stuttgart 1979, S. 204.
2 Klüger, Ruth: *Kreuzzug und Kinderträume in Lessings „Nathan der Weise".* In: Dies., *Katastrophen. Über deutsche Literatur.* Göttingen 1994, S. 189–227, hier S. 221.
3 Kant, Immanuel: Beantwortung der Frage: Was ist Aufklärung? Zitiert nach: *Werke in zehn Bänden.* Hrsg. v. Wilhelm Weischedel, Bd. 9. Darmstadt 1968, S. 53–61, hier S. 53.
4 Maihofer, Andrea: Dialektik der Aufklärung – Die Entstehung der modernen Gleichheitsidee, des Diskurses der qualitativen Geschlechterdifferenz und der Rassentheorien im 18. Jahrhundert. In: Hobuß, Steffi u. a. (Hrsg.): *Die andere Hälfte der Globalisierung.* Frankfurt/ New York 2001, S. 113–132, hier S. 129.
5 Rousseau, Jean-Jacques: *Emil oder Über die Erziehung.* Paderborn, 11. Auflage 1993, S. 389.
6 Im Französischen bedeutet „l'homme" sowohl „Mensch" als auch „Mann". Folglich enthält auch der Titel der Menschenrechtserklärung der Französischen Revolution von 1789, „Les droits de l'homme et du citoyen", bereits einen Hinweis auf den ungesicherten Zugang der Frauen zu diesen Rechten.
7 Vgl. S. 115 des Aufsatzes von Andrea Maihofer (Fußnote 4).
8 Vgl. zu diesem Gedanken ebenfalls den Aufsatz von Andrea Maihofer (Fußnote 4).

Ihre Meinung ist uns wichtig!

Ihre Anregungen sind uns immer willkommen. Bitte informieren Sie uns mit diesem Schein über Ihre Verbesserungsvorschläge!

Titel-Nr.	Seite	Vorschlag

Bitte hier abtrennen

Die echten Hilfen zum Lernen ... **STARK**

Bitte hier abtrennen

Zutreffendes bitte ankreuzen! Die Absenderin/der Absender ist:

- ☐ Lehrer/in in den Klassenstufen: ____________
- ☐ Fachbetreuer/in
  Fächer: ____________
- ☐ Seminarlehrer/in
  Fächer: ____________
- ☐ Regierungsfachberater/in
  Fächer: ____________
- ☐ Oberstufenbetreuer/in
- ☐ Schulleiter/in
- ☐ Referendar/in, Termin 2. Staatsexamen: ____________
- ☐ Leiter/in Lehrerbibliothek
- ☐ Leiter/in Schülerbibliothek
- ☐ Sekretariat
- ☐ Eltern
- ☐ Schüler/in, Klasse: ____________
- ☐ Sonstiges: ____________

STARK Verlag
Postfach 1852
85318 Freising

14-V1P

Bitte ausfüllen und im frankierten Umschlag an uns einsenden. Für Fensterkuverts geeignet.

Kennen Sie Ihre Kundennummer? Bitte hier eintragen.

Absender (Bitte in Druckbuchstaben!)

Name/Vorname ____________

Straße/Nr. ____________

PLZ/Ort ____________

Telefon privat ____________ Geburtsjahr ____________

E-Mail ____________

Schule/Schulstempel (Bitte immer angeben!)

Unterrichtsfächer: (Bei Lehrkräften!)

STARK Interpretationshilfen und Trainingsbände

für die Oberstufe

Deutsch Interpretationen

Deutsch – Interpretationshilfen 1

Aus dem Inhalt: Goethe: *Faust, Iphigenie;* Schiller: *Maria Stuart, Wallenstein, Don Carlos;* Tieck: *Der blonde Eckbert;* E.T.A. Hoffmann: *Der goldne Topf;* Kleist: *Michael Kohlhaas, Prinz Friedrich von Homburg;* Eichendorff: *Aus dem Leben eines Taugenichts;* Büchner: *Woyzeck, Lenz;* Mörike: *Mozart auf der Reise nach Prag;* Fontane: *Effi Briest, Frau Jenny Treibel;* Hebbel: *Maria Magdalena;* Hauptmann: *Rose Bernd, Bahnwärter Thiel*

■ .... Best.-Nr. 94407

Deutsch – Vom Expressionismus bis zur Literatur der DDR

Aus dem Inhalt: Trakl: *Grodek;* Benn: *Mann und Frau gehen durch die Krebsbaracke;* Döblin: *Berlin Alexanderplatz;* Kästner: *Sachliche Romanze;* Rilke: *Der Panther;* Brecht: *Der gute Mensch von Sezuan;* Horváth: *Geschichten aus dem Wiener Wald;* Kafka: *Der Prozeß, Die Verwandlung;* H. Mann: *Der Untertan;* Musil: *Die Verwirrung des Zöglings Törleß;* Seghers: *Das siebte Kreuz;* Enzensberger: *Fremder Garten;* Bachmann: *Reklame;* Böll: *Die verlorene Ehre der Katharina Blum;* Dürrenmatt: *Die Physiker;* Frisch: *Homo faber;* Grass: *Die Blechtrommel;* Walser: *Ein fliehendes Pferd;* Weiss: *Verfolgung und Ermordung Jean Paul Marats;* Brecht: *Böser Morgen;* Biermann: *Und als wir ans Ufer kamen;* Wolf: *Kassandra*

■ .... Best.-Nr. 94408

Interpretationshilfen zu Einzellektüren:

Brecht: *Der aufhaltsame Aufstieg des Arturo Ui* .... Best.-Nr. 2400281
Brecht: *Der kaukasische Kreidekreis* Best.-Nr. 2400171
Brecht: *Leben des Galilei* .... Best.-Nr. 2400011
Brussig: *Am kürzeren Ende der Sonnenallee* .... Best.-Nr. 2400201
Büchner: *Dantons Tod* .... Best.-Nr. 2400121
Büchner: *Woyzeck* .... Best.-Nr. 2400041
Büchner: *Leonce und Lena* .... Best.-Nr. 2400261
Camus: *L'Etranger/Der Fremde* .... Best.-Nr. 2550041
Eichendorff: *Aus dem Leben eines Taugenichts* ...... Best.-Nr. 2400071
Eichendorff: *Das Marmorbild* .... Best.-Nr. 2400081
Fontane: *Effi Briest* .... Best.-Nr. 2400371
Frisch: *Homo faber* .... Best.-Nr. 2400031
Goethe: *Faust I* .... Best.-Nr. 2400511
Goethe: *Gedichte (1771–1783)* .... Best.-Nr. 2400181
Goethe: *Die Leiden des jungen Werther* .... Best.-Nr. 2400051
Hein: *Der fremde Freund/Drachenblut* ...... Best.-Nr. 2400061
Kafka: *Die Verwandlung/Das Urteil* .. Best.-Nr. 2400141
Keller: *Romeo und Julia auf dem Dorfe* .... Best.-Nr. 2400321
Kerner: *Blueprint. Blaupause* .... Best.-Nr. 2400391
Lessing: *Emilia Galotti* .... Best.-Nr. 2400191
Lessing: *Nathan der Weise* .... Best.-Nr. 2400501
Th. Mann: *Der Tod in Venedig* .... Best.-Nr. 2400291
Th. Mann: *Tonio Kröger/ Mario und der Zauberer* .... Best.-Nr. 2400151
Nooteboom: *Die folgende Geschichte* Best.-Nr. 2400251
Sartre: *Huis clos/ Geschlossene Gesellschaft* .... Best.-Nr. 2550051
Schiller: *Don Carlos* .... Best.-Nr. 2400161
Schiller: *Kabale und Liebe* .... Best.-Nr. 2400231
Schiller: *Maria Stuart* .... Best.-Nr. 2400271
Schlink: *Der Vorleser* .... Best.-Nr. 2400101
Schneider: *Schlafes Bruder* .... Best.-Nr. 2400021
Sophokles: *Antigone* .... Best.-Nr. 2400221
Storm: *Der Schimmelreiter* .... Best.-Nr. 2400381
Strittmatter: *Raabe Baikal* .... Best.-Nr. 2400241
Süskind: *Das Parfum* .... Best.-Nr. 2400091
Timm: *Die Entdeckung der Currywurst* .... Best.-Nr. 2400301
Vanderbeke: *Das Muschelessen* .... Best.-Nr. 2400331

Deutsch Training

Training Methoden Deutsch .... Best.-Nr. 944062
Deutsch 11. Klasse .... Best.-Nr. 90405
Aufsatz Oberstufe .... Best.-Nr. 84401
Abitur-Wissen Erörtern und Sachtexte analysieren .... Best.-Nr. 944064
Abitur-Wissen Textinterpretation Lyrik, Drama, Epik .. Best.-Nr. 944061
Abitur-Wissen Deutsche Literaturgeschichte .... Best.-Nr. 94405
Abitur-Wissen Prüfungswissen Oberstufe .... Best.-Nr. 94400
Kompakt-Wissen Rechtschreibung ...... Best.-Nr. 944065
Lexikon Autoren und Werke .... Best.-Nr. 944081

Latein Training

Abitur-Wissen Lateinische Literaturgeschichte .... Best.-Nr. 94602
Kurzgrammatik .... Best.-Nr. 94601
Wortkunde .... Best.-Nr. 94603
Kompakt-Wissen Kurzgrammatik .... Best.-Nr. 906011

(Bitte blättern Sie um)